FRANZ KAFKA

FRANZ KAFKA

PORTRET VAN DE SCHRIJVER ALS GOOCHELAAR

LUDO VERBEECK

UITGEVERIJ PEETERS
LEUVEN

ISBN 90-6831-441-6
D. 1992/0602/80

INHOUD

HOOFDSTUK I: Bij benadering 7
1. Signalement 7
2. Hermeneutische valstrikken 10
3. Van leven naar letter 18

HOOFDSTUK II: De kunst van het goochelen I 23
1. Herinneringen aan een goochelaar........... 23
2. Kanttekeningen bij de letter K. 27
3. De poetica van het variété 33
4. Nabootsing 39

HOOFDSTUK III: De kunst van het goochelen II 44
1. Grondbeginselen van de mise-en-scène 44
2. Ontmoeting met een acteur....................... 51
3. Nabootsing - nog eens 55
4. Theater als toevlucht 61

HOOFDSTUK IV: Bedenkelijke beschouwingen bij een proces 68
1. Rituelen 68
2. Theoretisch tussenspel 75
3. Representanten en opdrachtgevers 84
4. Het getekende lichaam 89

HOOFDSTUK V: Het theater van het schrift . 97
1. Van rechtbank naar schavot: twee modellen 97

2. Bezichtiging van een strafinrichting 104
3. Terreur van de Logos 113

HOOFDSTUK VI: Het labyrint van de schijngestalten 124
1. Eerste rondgang 124
2. Aankomst 135
3. Protocollen 140
4. De coulissen van het imaginaire 146
5. Allegorie 152

HOOFDSTUK VII: De waarachtige kunst van het vertellen 167
1. Feit en reflectie in Kafkaiaans perspectief 167
2. De Chinese muur is een tekst 171
3. De kunst van het verdwijnen 181

Bibliografische noot 189

Zusammenfassung 190

Register van teksten 192

HOOFDSTUK I:

BIJ BENADERING

"Es ist nur durch Literatur oder durch den Beischlaf möglich."
Dagboek, 5 november 1911

1. *Signalement*

In een van zijn talloze korte beschouwingen heeft Kafka het over de mogelijkheid van het "zich oneindig klein maken".[1] Het is een strategie die hij, met de vindingrijkheid hem eigen, zijn leven lang beoefend heeft. Intensieve biografische opzoekingen hebben dit beeld bevestigd: Kafka's persoon, om van zijn werk nog maar te zwijgen, blijft in vele gevallen, mede door de historische gebeurtenissen die het gezicht van Midden-Europa na twee wereldoorlogen zo ingrijpend veranderd hebben, een moeilijk toegankelijk geheim. Daarom dit bondig signalement.

Een goede honderd jaar geleden dus, op 3 juli 1883, geboren te Praag als oudste van vier kinderen (drie zusters) uit Tsjechisch-joodse, Duits-joodse ouders, en er overleden op 3 juni 1924 in de leeftijd van eenenveertig jaar. Jurist, voortijdig gepensioneerd functionaris van de Arbeiter-Unfall-Versicherungsanstalt aldaar, in leven driemaal verloofd maar onge-

[1] *Huwelijksvoorbereidingen op het land en ander proza uit de nalatenschap*, p. 36.

huwd gebleven. Bijzonder kenmerk: levendige blik. Buiten kantoor ook schrijver (nachtwerk), die tijdens zijn leven met de publikatie van enkele bundels proza matige bekendheid verwierf. Bij zijn dood liet hij een pak manuscripten achter, er lag een briefje bij voor zijn vriend Max Brod: alles verbranden a.u.b. Koopmanszoon uit de opklimmende middenstand, als onderdaan van de Oostenrijks-Hongaarse monarchie opgegroeid, na 1918 Tsjechisch staatsburger, een Duitstalige jood, levend in een enclave te midden van een voor 90 pct. Slavische bevolking, te Praag, een stad tussen West en Oost, twee culturen.

Deze gegevens volstaan om het gezochte profiel te verduidelijken: een wankele identiteit. Kafka behoort in de wereldliteratuur inderdaad niet tot diegenen die zich 'iemand' voelen en daarom alsmaar veel te vertellen hebben; vanuit zijn (existentiële) niemandspositie heeft hij verhalen geschreven die in de eenvoud van hun averechtse logica tot het bevreemdendste behoren wat de literatuur van deze eeuw heeft voortgebracht. Hiermee is echter allerminst een pleidooi gehouden voor een biografische benadering. Kafka's werk valt bij nader toezien op door de afwezigheid van de man die het geschreven heeft. En dit ondanks het feit dat deze auteur een rabiaat brief- en dagboekschrijver is geweest en dat het eigenlijke literaire werk in vergelijking daarmee bijna gering in omvang is te noemen, bovendien onaf, fragmentarisch. De verklaring daarvoor moet gezocht worden in een merkwaardige paradox: Kafka is erin geslaagd een strikt persoonlijke ervaring zo om te zetten in een beeld van de wereld dat hij er zelf nagenoeg volledig uit verdwenen is. We hebben voor een juist begrip van dit werk de omweg over de persoon van de auteur dan ook niet nodig. Het omgekeerde lijkt veeleer het geval: Kafka's leven en wat daaromheen aan uitspraken van hemzelf en getuigenissen van anderen gegroeid is, wordt door eenzelfde vreemdheid gemerkt en vraagt evenzeer om een nauwgezette exegese als het eigenlijke literaire werk. Dit vormt als het ware de vrucht binnen een bolster met scherpe stekels waar ongepaste of al te ijverige nieuwsgierigheid zich licht aan kan bezeren.

Hetzelfde geldt met betrekking tot de historisch-maatschappelijke realiteit. Niet dat die zich in Kafka's werk niet zou hebben neergeslagen, integendeel. In tegenstelling tot de meesten van zijn duitstalige stadsgenoten had Kafka een levendige belangstelling voor wat er zich afspeelde bij de Tsjechisch sprekende meerderheid en hij volgde met aandacht de ontwikkeling van de politieke ideeën bij de opkomende Tsjechische partijen. Men vergete ook niet dat hij door zijn functie in een grote verzekeringsmaatschappij tegen arbeidsongevallen reeds vroeg een scherp inzicht verwierf in toestanden van kapitalistische uitbuiting in het reeds voor de eerste wereldoorlog sterk geïndustrialiseerde Noordboheemse gebied. Uitspraken van hem in dit verband treffen door een meedogenloze luciditeit, die ook nog achter de fenomenen grijpt en naar de verborgen mechanismen van het menselijk handelen zoekt.

Bertolt Brecht heeft dus niet zonder meer ongelijk, wanneer hij in Kafka's teksten de voorafbeelding ontdekt van toekomstig, ons intussen vertrouwd geworden onheil: de concentratiekampen, de verabsolutering van het staatsapparaat, de toenemende anonimiteit van de asfaltstad. Net zomin als de vele andere interpreten die andere dingen meenden te zien. Maar bezitten wij in deze met veel speurzin nagejaagde feiten een hefboom waar het geheim van Kafka mee kan worden gelicht? De geschiedenis vol tegenstrijdigheden van de Kafka-interpretatie bewijst eerder het tegendeel. Heinz Politzer, een meer dan verdienstelijk Kafka-kenner, heeft daarom gemeend in een door hem ingeleide verzamelbundel waarin opstellen uit vijftig jaar Kafka-studie zijn bijeengebracht, in alle ernst een principiële onverklaarbaarheid te moeten afkondigen.[2] Treffender kan de negatieve balans van een lange reeks pogingen om Kafka's verbeeldingen in biografische, metafysisch-religieuze of maatschappelijke zin uit te leggen en het onbekende vanuit het verondersteld bekende te verduidelijken, niet openbaar gemaakt worden.

2. *Hermeneutische valstrikken*

Walter Benjamin heeft lang geleden reeds opgemerkt dat de auteur Kafka erop uit is geweest alle denkbare voorzorgsmaatregelen te treffen tegen de verklaring van zijn teksten. De nauwgezetheid waarmee hij dit deed, is door de critici slechts zelden met de nodige aandacht ter kennis genomen. Dan waren zij er wellicht achter gekomen dat Kafka de kritiek met haar eigen wapens bevecht. Wie met zijn teksten enigermate vertrouwd is, weet inderdaad dat Kafka niet gewoon een verteller is, maar tevens een groot-

[2]"Sind diese Parabeln also prinzipiell undeutbar, so wie die Geschichte, die sich in ihnen spiegelte, fundamental unvorhersehbar war, als sie geschah? Vierzig Jahre lang mit Kafkas Werk und dessen Deutung befaßt, glaubt der Herausgeber, diese Frage bejahen zu müssen." *Franz Kafka*, ed. Heinz Politzer, Darmstadt 1973, p. 30.

meester in de misleidende exegese. Het beruchtste voorbeeld daarvan is te vinden in het negende kapittel van de roman *Het proces*, waar de gevangeniskapelaan met Josef K. een dispuut aangaat omtrent de parabel *Voor de wet*. We vinden hier een ongeëvenaard staal van een *reductio ad absurdum*. Het ogenschijnlijk zo helder voor zichzelf sprekende verhaal van de buitenman die wachtend voor de poort van de wet zijn leven doorbrengt, wordt door de commentaar van de kapelaan tot in het onherkenbare toe vervormd. Op die manier biedt Kafka ook zijn lezer verklaringsmodellen aan die stuk voor stuk hun bedrieglijke tendens daarin demonstreren dat ze de aandacht afleiden van datgene waar het eigenlijk om gaat.

De Franse essayiste Marthe Robert heeft in een van haar vele studies over de auteur die strategie van de afleiding op een indringende wijze onderzocht. Volgens haar richt ze zich op de ingeboren neiging tot veralgemening en symbolisering bij de lezer - we zouden hier kunnen aan toevoegen: de Platoons geschoolde lezer. Van Kafka's teksten straalt inderdaad zoiets als universaliteit af, zegt zij, maar die is slechts schijn: "Men kan zich derhalve voorstellen dat zovele interpreten geneigd zijn de thema's van Kafka - eenzaamheid, gespletenheid, genade, gerechtigheid, ballingschap - met een hoofdletter te schrijven en ze op die wijze zonder meer op te tillen tot de eigen sfeer van het metafysische [...] In de grond biedt hij aan zijn exegeten dezelfde valse sleutels aan als die waarmee zijn helden zich proberen te redden, en zijn zij zo naïef daarop in te gaan, dan laat hij ze langs hun al te klaar uitgestippelde wegen verloren lopen, waar zij precies geen enkele kans hebben hem te ontmoeten [...]"[3] Het vermoeden dringt zich dan ook op dat er in Kafka een kracht werkzaam is die zich verzet tegen elke commentaar die hogere aanspraken op waarheid laat gelden dan hij zelf deed. De zijne zijn zeer gering: "Onze kunst is een door de waarheid verblind zijn: Het licht op het vertrokken gezicht dat zich afwendt is waar, anders niets", heet het in een aforisme.[4] Hier worden tegelijk absolute én nietige aanspraken ten aanzien van de waarheid geformuleerd. Het vernietigend effect, gevolg van het verblindend inslaan van de waarheid, plaatst heel Kafka's kunst in het teken van de negatie, van het ontbreken of althans een opschorten van zin. Wat hij daarbij in handen houdt, is nochtans niet niets: de grimas op het achteruitwijkende gelaat is voortaan receptakel, niet van de waarheid zelf, maar van haar reflex, fysiologische reactie en weerschijn in één.

Deze grimas wil Kafka in zijn werk opvangen. Kafka's schrijven begint daar waar het gelaat van de wereld ondoorzichtig wordt. Niet het herkenbare aan deze wereld heeft hij beschreven, maar dat onbekende andere dat voor zijn ogen "de tijd van het gewone, gelukkig verlopende leven"(792), zoals in het kleine verhaal *Het dichtstbijzijnde dorp* gezegd wordt, doet ineenschrompelen en door niemand wordt opge-

[3] "On conçoit dès lors que tant d'interprètes soient enclins à affecter les thèmes de Kafka - solitude, dédoublement, grâce, justice, exil - d'une majuscule qui les élève sans plus à la sphère propre de la métaphysique [...] En somme il offre à ses exégètes les mêmes fausses clefs que son héros essaie pour se sauver, et s'ils ont la naïveté de s'en saisir, il les laisse se fourvoyer sur leurs chemins trop bien tracés, où ils n'ont justement aucune chance de le rencontrer [...] " M. R., *Seul, comme Franz Kafka*, Paris 1979, p. 228-29.

[4] *Huwelijksvoorbereidingen*, p. 33.

merkt. Nu is deze visie bij het begin van de twintigste eeuw, het tijdstip van Kafka's debuut, wellicht niet zo ongewoon. De gewelddadige vervorming van de werkelijkheid, gevoed door een visionaire onderstroom en een behoefte om de dingen anders en nieuw te zien, vormt een van de vaste componenten van de expressionistische omwenteling in de kunst. Kafka's vroegste proza kan hier zonder moeite ondergebracht worden. Als voorbeeld het volgende Praags tableau uit de novelle *Beschrijving van een gevecht* :

> "Vandaag waait er een zuidwestenwind. De lucht op het plein is in beroering. De spits van de raadhuistoren beschrijft cirkeltjes. Waarom wordt die drukte niet tot bedaren gebracht? Wat een lawaai is dat toch! Alle ruiten rinkelen en de lantarenpalen buigen als bamboestengels. De mantel van de heilige Maria op de zuil bolt op en de stormachtige lucht rukt eraan. Ziet niemand dat dan? De heren en dames die op de stenen moeten lopen, zweven. Als de wind ademhaalt, blijven ze staan, zeggen een paar woordjes tegen elkaar en buigen groetend hun hoofd, maar als de wind weer toestoot, kunnen ze er geen van allen weerstand aan bieden en allemaal tillen ze tegelijkertijd hun voeten op. Ze moeten hun hoeden wel stevig vasthouden, maar hun ogen kijken vrolijk, alsof het zacht weer was. Alleen ik ben bang."(876)

Angst wordt hier zichtbaar gemaakt door een vertekening van de werkelijkheid die haar kracht put uit de duidelijke afstand tusen de gewone waarneming en de andere, de visionaire. Het subject neemt hier nog een bevoorrechte standplaats in van waaruit zowel de werkelijkheid ontmaskerd als ook het angstgevoel benoemd kan worden. Maar al heel vlug verlaat Kafka deze opstelling. Met de novellen *Het vonnis* en *De gedaanteverwisseling*, die in het jaar 1912 geschreven werden, treedt een radicale verandering in: de visionaire tegenpool verdwijnt en de banale realiteit krijgt met één slag al haar rechten terug.

Wat we daaronder dienen te verstaan kan het best geïllustreerd worden aan de dagboeken. Kafka begint een dagboek bij te houden in 1910, maar het neemt eerst zijn echte vlucht in de loop van het jaar daarop en de arbeid eraan hangt eng samen met de ontdekking van het unieke perspectief dat zijn werk voortaan zal bepalen. Meer dan het relaas van particuliere faits divers is het dagboek voor Kafka een oefening in persoonlijke plaatsbepaling en wel een plaatsbepaling als schrijver. Toch levert die alledaagse werkelijkheid precies het materiaal waar hij zijn verhalen voortaan mee zal vullen. De volgende, op zichzelf onbelangrijk uitziende aantekening uit de dagboeken kan dit illustreren. Zij is wel van late datum, maar verwijst anderzijds duidelijk naar de ontstaanstijd van *Het proces*, tweede jaarhelft 1914, en weerspiegelt op die manier een reeds vroeg gevormd type ervaring. Eind januari 1922 reist Kafka voor enkele weken naar het bergachtige Spindelmühle, een van zijn vele rustverblijven, met het oog op het verbeteren van zijn zwakke gezondheid. Op 27 januari, dag van zijn aankomst aldaar, vinden we in het dagboek deze notitie: "Hoewel ik het hotel duidelijk mijn naam heb geschreven, hoewel ze mij ook al tweemaal juist geschreven hebben, staat toch beneden op het bord Josef K. Zal ik hen inlichten of zal ik mij door hen laten inlichten?"[5] Zinspelingen als

[5] *Dagboeken 1914-1923*, p. 158.

deze op situaties in de romans en verhalen liggen in Kafka's dagboeken voor het rapen. Ze duiden aan hoe dicht de epische omzetting de alledaagse gegevens soms op de voet volgt. In het geding is hier blijkbaar een toevallige naamsverwarring vanwege de hoteldirectie. Maar ze volstaat om de identiteitsvraag op te roepen, een centrale topos die op zijn beurt eng verweven is met de problemen omtrent beroep, verloving, huwelijk, gezinsleven, gemeenschap, waar Kafka in verstrikt zat en die ook in het werk een belangrijke rol spelen.

De geciteerde passage wordt echter pas echt betekenisvol, wanneer we ze naast de tekst van *Het proces* leggen. Weerom in het negende kapittel begeeft Josef K. zich naar de dom met de bedoeling er een Italiaan te ontmoeten die het gebouw wil bezichtigen. In werkelijkheid wordt hij daar opgewacht door de gevangeniskapelaan. Als K. probeert ongemerkt de dom weer te verlaten, roept deze hem bij zijn naam en het gesprek komt op gang:

> " 'Jij bent Josef K.,' zei de geestelijke en hij hief met een vaag gebaar een hand van de balustrade. 'Ja,' zei K., hij dacht eraan hoe openhartig hij vroeger altijd zijn naam had genoemd, sinds enige tijd was die naam hem tot last, ook was zijn naam nu bekend aan mensen die hij voor de eerste keer ontmoette, wat was het prettig om je eerst voor te stellen en pas daarna bekend te zijn."(150)

Ook hier wordt een onopvallende maar beslissende afwijking van de ons vertrouwde werkelijkheid geregistreerd: het feit dat allen K.'s naam kennen, waardoor zijn persoon als het ware publiek te kijk komt te staan. Alleen stelt het dagboekfragment de identiteitskwestie nog wat scherper en vat in de afsluitende vraag: 'of zal ik mij door hen laten voorlichten?' nagenoeg de kern van *Het proces* samen: de twijfel omtrent de juiste plaats van de eigen naam.

Uit zulke kleine, nauwelijks waarneembare verstoringen aan de rand van onze dagelijkse vanzelfsprekendheden ontspringt de alom vastgestelde vervreemding die van Kafka's teksten uitgaat. Geen apocalyptische boodschappen meer uit een andere wereld, maar onmerkbare trillingen als bij een aardbeving die op komst is. Kafka's verhaalkunst beweegt zich aldus op de grens van het bestaande en het niet-bestaande, waar het nog-niet-benoemde, het onnoembare zich in de gedaante van het vreemde manifesteert en al het bekende in zich opzuigt en verandert. Maar ook dit beeld vergt nog een correctie: we moeten breken met de voorstelling dat voorbij of achter het zichtbare dit eigenlijke verborgene zou liggen dat nog geen naam heeft. De grens waarvan sprake is veeleer een scheur en ze loopt dwars door een wereld heen die voortaan radicaal met zichzelf samenvalt. Voorvallen en gebeurtenissen krijgen op die wijze bij Kafka een brute materialiteit, die in haar letterlijkheid een aanfluiting betekent van een naar Kantiaanse categorieën georganiseerde werkelijkheid.

Het meest extreme voorbeeld van deze letterlijkheid is wel te vinden in de novelle *De gedaanteverwisseling*. Daar wordt verhaald hoe Gregor Samsa, een handelsreiziger die door hard werken niet enkel in zijn eigen onderhoud voorziet, maar ook nog de schulden van zijn vader moet afdragen, op een vroege morgen bij het ontwaken ontdekt dat hij in een soort mansgrote kever is veranderd. Na een korte maar uiterst nauwkeurige beschrijving van deze metamorfose volgt de vaststelling: "Het was geen droom."(715) Ruimte voor een alternatieve werkelijkheid is er dus niet: het feit is te nemen of te laten. De gruwelijkheid van de metamorfose maakt bovendien van elke poging tot symbolisering een futiele onderneming. Het vervolg van het verhaal biedt daartoe ook geen enkel houvast: het beperkt zich ertoe de veranderingen te registreren die door dit voorval teweeggebracht worden in Gregors relatie tot zijn omgeving. Die zijn in elk geval ingrijpend: ze betekenen de onvermijdelijke uitstoting van een onherkenbaar geworden menselijk wezen.[6] Kafka demonstreert hier op indringende wijze dat het ondenkbare binnen de horizon van een schijnbaar rationeel geordende wereld alleen nog als uit te bannen chaos kan verschijnen, maar niettemin in de gedaante van het vreemd geworden lichaam zijn onduldbare aanwezigheid blijvend manifesteert.

De metamorfose van Gregor Samsa ligt slechts schijnbaar ver verwijderd van het hierboven besproken dagboekfragment. Ze illustreert hoe de allerkleinste afwijking tegelijk ook de allergrootste kan zijn: ginds de mis-plaatste naam, hier het mis-vormde lichaam. Beide afwijkingen hebben aldus eenzelfde referentie gemeen: ze zijn het wanstaltige teken van het in zijn identiteit en zijn relatie tot de omgeving aangetaste subject. De kernvraag nu die hier oprijst, is die naar de oorsprong en de betekenis van zulke fundamentele verstoringen.

[6] Sommige verhalen van Kafka wekken de indruk een letterlijke omzetting te zijn van courante zegswijzen, vooral dan scheldwoorden en dreigementen. *De gedaanteverwisseling* en *In de strafkolonie* zijn daar extreme voorbeelden van. Vgl. p. 54, noot 9.

3. *Van leven naar letter*

Om ons hier een weg te banen willen we nu toch - met de nodige omzichtigheid - enkele biografische gegevens inpassen in deze verkenning naar Kafka's geheim. Dit kan het best door de beschrijving van een reeks conflicthaarden die eng verband houden met de genese van zijn schrijverschap en die uiteraard in de dagboeken en brieven hun deels directe, deels reeds episch getransformeerde neerslag vinden. Een eerste conflictzone ligt in de verhouding tot de vader. Kafka's vader was als jongeman, mede gedreven door het gevaar van antisemitische pogroms op het platteland, naar Praag getrokken, had er het Tsjechisch voor het sociaal hogerstaand Duits ingeruild en een zaak opgezet, een zogenoemd 'Galanteriewarengeschäft'. Hij was het type van de vastberaden werker die hogerop wil. Wat niet aan deze norm beantwoordde, kon in zijn ogen weinig waardering vinden en daartoe behoorde zo ongeveer alles waar de zoon zich mee bezighield. "Leg het op het nachtkastje", met deze in de huiskring berucht geworden woorden placht vader Kafka de hem aangeboden druksels van zijn zoon te begroeten. In de *Brief aan zijn vader,* dit lange, pijnlijke document waarin de toen zesendertigjarige poogde af te rekenen met zijn vader (de brief werd nooit verstuurd), schrijft Kafka: "Ik had tegenover u mijn zelfvertrouwen verloren, daarvoor in de plaats een grenzeloos schuldgevoel gekregen."[7]

Uit deze dubbele nederlaag groeit in de brief vooral het beeld van de onontkoombaarheid van de vaderfiguur. De vader houdt om zo te zeggen al de plaatsen bezet waar de zoon zichzelf zou willen zijn: zijn

[7] *Brief aan zijn vader*, p. 31.

omgang met vrienden, zijn groeiende interesse voor het jodendom, zijn moeizame huwelijksplannen, ja zelfs zijn schrijfpogingen. Over dit laatste zegt Kafka: "Wat ik schreef handelde over u, ik klaagde daarin immers alleen over wat ik aan uw borst niet kon uiten."[8] Het is dan ook wel geen toeval dat in de *Brief* twee uitdrukkelijke verwijzingen voorkomen naar literaire verbeeldingen: één naar de slotepisode van de roman *Het proces* en één naar *De gedaanteverwisseling*. De laatste klinkt bijzonder hard: Kafka laat de vader zelf zijn zoon als parasiet brandmerken en hij gebruikt daarvoor precies het woord waar hij zeven jaar tevoren in de novelle de gedaanteverandering van Gregor Samsa mee had aangeduid: "Ungeziefer", een stuk ongedierte. Op schrijnender wijze is een als vernederend aangevoelde afhankelijkheid zelden omschreven.

De *Brief* maakt nog een andere dimensie zichtbaar. Het staat vrijwel vast dat hij ingegeven werd door het heftige verzet van Kafka's vader tegen de voorgenomen verloving - het was de derde poging om tot een huwelijk te komen - met Julie Wohryzek, de dochter van een 'sjammes', een koster in de synagoog van Prag-Weinberge. Hiermee raken we aan een tweede conflicthaard: de problematiek omtrent huwelijk en familie. Ook die is vrij uitvoerig gedocumenteerd in de twee officieel aangegane verlovingen met Felice Bauer (1914 en 1917), in de huwelijksplannen met Julie Wohryzek en tenslotte in de kortstondige maar verscheurende briefwisseling met Milena Jesenska (1920). Om het verband te illustreren met Kafka's ontwikkeling als schrijver kunnen

[8] Ibid., p. 36.

we hier volstaan met erop te wijzen dat het ongelijkmatig ritme van de literaire produktie duidelijk samenhangt met kritieke momenten in zijn relatie tot vrouwen. Meer algemeen hangen blijkens de brieven en dagboeken Kafka's aarzelingen tegenover het huwelijk nauw samen met de door hem herhaaldelijk vastgestelde, niet te verzoenen tegenstelling tussen leven en schrijven. In haar vrijblijvende algemeenheid laat deze omschrijving hem echter absoluut geen recht wedervaren; het gaat bij hem om uitersten. Door Max Brod is de volgende uitspraak van Kafka overgeleverd, die hij deed vlak na het afbreken van de tweede verloving in 1917: "Wat mij te doen staat, kan ik slechts alleen doen. In het reine komen met de uiterste dingen. De westelijke jood is daarmee niet in het reine gekomen en heeft daarom niet het recht te trouwen. Dat hier zijn geen huwelijken."[9]

Naar oude joodse traditie behoort het stichten van een gezin tot de hoogste religieuze verplichtingen van een man. Waar hij ook om zich heen kijkt, vindt Kafka echter nog slechts jodendom op drift en zonder binding. Het verbod dat hij zich opgelegd ziet, geschiedt dan ook in naam van een heilsorde die in zijn ogen zichzelf verbeurd heeft en toch haar uit de traditie overgeërfde aanspraken behoudt: het verbod is tegelijk een absolute opdracht én een veroordeling. De ondraaglijke rechtvaardigingslast die daaruit voortvloeit, kunnen we aflezen aan een korte aantekening van 17 september 1920: "Ik stond nooit onder de

[9] "Was ich zu tun habe, kann ich nur allein tun. Über die letzten Dinge klar werden. Der Westjude ist darüber nicht klar und hat daher kein Recht zu heiraten. Es gibt hier keine Ehen." Max Brod, Franz Kafka. Eine Biographie, in: M. B., *Über Franz Kafka*, Fischer Taschenbuch 1974, p. 147.

druk van een andere verantwoordelijkheid dan die, welke het bestaan, de blik, het oordeel van andere mensen mij oplegden."[10] Het tijdstip van deze aantekening - na het mislukte huwelijksplan met Julie Wohryzek en op het ogenblik dat hij Milena Jesenska verzoekt hun briefwisseling stop te zetten - laat toe hierin een van alle zelfbeklag gereinigde epiloog te zien op de *Brief aan zijn vader*, epiloog die het gegeven nu ook los van de joodse component situeert: of het nu om het gezag van de vader gaat, om huwelijk of beroep, deze instanties vertegenwoordigen voor Kafka in wisselende gedaante de onbereikbaar geworden bestaansgrond waar leven en sterven op gevestigd zijn. De structuur waarin deze gedachte gevat is, zegt echter nog meer en wel omtrent de wijze waarop Kafka in zijn episch werk deze krachten in beweging zal zetten: als de schijngestalten van het alom aanwezige 'andere', dat als in een spiegelpaleis het voortaan eenzame subject omsloten houdt en aan zichzelf toont.

Op dit punt aangekomen laten de teksten de sfeer van het biografische weerom achter zich; ook zij zijn voortaan alleen op zichzelf aangewezen. Niet alsof daarmee elke verwijzing naar een herkenbare werkelijkheid verdwenen zou zijn. Maar indien de omzetting van de levens- en ervaringsstof zo radicaal is als hierboven betoogd, dan wil deze herkenbaarheid toch niet meer aan die herkomst herinnerd worden. Net zomin als het vreemde vraagt om van zijn vreemdheid te worden ontdaan. Het moet alleen in zijn letterlijkheid ernstig worden genomen: "De autoriteit van Kafka is er een van teksten. Enkel de getrouw-

[10] *Huwelijksvoorbereidingen*, p. 164.

heid aan de letter van de tekst, niet het georiënteerde begrip, zal op de lange duur helpen."[11] Ligt in de letter de arbeid opgeslagen waarmee de tekst de geruststellende berichten over de toestand van de wereld ondergraaft en het bekende van repliek dient, dan moet ze ook de toetssteen kunnen worden die het gehalte van een lectuur bepaalt.

[11] Theodor W. Adorno, Aantekeningen bij Kafka, in: *Procesverbaal van Franz Kafka. Essays van Walter Benjamin, Theodor W. Adorno, Maurice Blanchot, Marthe Robert, Jean Starobinski. Met een nawoord van* J. F. Vogelaar, Nijmegen 1987, p. 55. "Die Autorität Kafkas ist die von Texten. Nur die Treue zum Buchstaben, nicht das orientierte Verständnis wird einmal helfen." Th.W.A., Aufzeichnungen zu Kafka, in: *Gesammelte Schriften*, Bd. 10.

HOOFDSTUK II:
DE KUNST VAN HET GOOCHELEN I

"K. war ein großer Taschenspieler."
Het vijfde octavo-schrift

1. *Herinneringen aan een goochelaar*

Het bovenstaande motto is te vinden in een van de vele cahiers waarin Kafka zijn invallen placht op te tekenen. Het is de eerste zin van een kort fragment, dat dan vervolgt: "Sein Programm war ein wenig einförmig, aber infolge der Zweifellosigkeit der Leistung immer wieder anziehend." Het kleine gebrek dat hier vastgesteld wordt, doet aan de overtuigingskracht van de prestatie geen afbreuk. Integendeel, het kan haar alleen maar versterken: de - overigens moeilijk vertaalbare - term 'Zweifellosigkeit' is een absolute term die zichzelf fundeert, hij leent zich niet tot verdere explicitering. Zoveel stelligheid wekt nochtans argwaan: de lezer die met de retorische listen van Kafka's verteltechniek enigszins vertrouwd is, zal zo zijn vermoedens hebben hoe het met die K. z'n goochelkunst in werkelijkheid gesteld is. En hij schijnt nog gelijk te krijgen ook, want uit het vervolg blijkt dat het om een min of meer geïmproviseerde voorstelling gaat die de verteller lang geleden als kind heeft meegemaakt; daarbij heeft vooral de vermeende indruk van een overvolle zaal zich in de herinnering vastgezet.

> "K. was een groot goochelaar. Zijn programma was wat eentonig, maar tengevolge van de geloofwaardigheid van de prestatie, altijd weer aantrekkelijk. De voorstelling, waarin ik hem voor het eerst zag, herinner ik mij, hoewel het al twintig jaar geleden is, en ik toen een heel klein jongetje was, natuurlijk nog heel precies. Hij kwam in ons kleine stadje zonder voorafgaande aankondiging en gaf de voorstelling meteen 's avonds op de dag van zijn aankomst. In de grote eetzaal van ons hotel was om een tafel in het midden wat ruimte gelaten - dat was de gehele toneelvoorbereiding. In mijn herinnering was de zaal stampvol, nu lijkt voor een kind iedere ruimte stampvol waar wat lichten branden, geroezemoes van stemmen van volwassenen te horen is, een kelner heen en weer loopt - en dergelijke - ik wist ook niet waarom er naar deze blijkbaar overhaaste voorstelling zoveel mensen zouden moeten zijn gekomen, in ieder geval is natuurlijk in mijn herinnering deze vermeende overvolte van de zaal bij de algemene indruk die ik van de voorstelling had zeker een beslissende factor."[1]

Hiermee breekt de tekst af; het is eigenlijk niet meer dan een vluchtige schets, die nauwelijks aangezet is en weinig stof tot uitdieping biedt.

Toch blijft die eerste zin op een eigenaardige manier nawerken. Misschien komt het door het fragmentarisch karakter van het stuk dat hij zich in zijn lapidaire bondigheid zo sterk aan de lezer opdringt. De achteraf gerezen twijfels hebben in elk geval op zijn epische evidentie weinig vat: de afstand in de tijd beveiligt hem tegen voortijdige slijtage. Zoals hij in het geheugen van de verteller gegrift staat, heeft hij iets van een inscriptie of van een grafschrift; hij vat een leven of een gebeurtenis samen en overtuigt aldus

[1] *Huwelijksvoorbereidingen*, p. 93-94.

door zijn eigen zwaartekracht. Het is bekend dat sagen uit zulke herinneringssporen ontstaan zijn, dat ze een sepulchrale handeling voorstellen, een bijzetten en bewaren van het verleden in het geheugen van de mensheid. De kracht die de eerste zin van deze tekst uitstraalt, maakt hem van ver aan de sage verwant. Ook al klasseren wij de uitspraak "K. was een groot goochelaar" van meet af aan als fictie, ze ontleent toch haar performatief karakter aan die verwantschap; ze vormt het embryo van een verhaal waar de lezer met enige spanning naar uitkijkt. Zoals altijd doorstaat Kafka ook hier met glans de proef van de eerste zin.

We moeten nu toch nog eens terugkomen op het vervolg van de tekst. Kafka gaat hier te werk volgens het aloude retorische procédé van de *narratio*, het ooggetuigenverslag dat de vooropgestelde propositie overtuigend moet verankeren in de feiten. Vandaar het herhaalde beroep op de beslissende rol van de herinnering: "De voorstelling [...] herinner ik mij [...] natuurlijk nog heel precies"; "In mijn herinnering was de zaal stampvol"; "in ieder geval is natuurlijk in mijn herinnering deze vermeende overvolte van de zaal [...] een beslissende factor." Tegelijk vindt er echter een subtiele verschuiving plaats waardoor de beschrijving bijna ongemerkt een andere wending neemt. Het breekpunt ligt bij een van die kleine partikels die bij Kafka zo veelvuldig voorkomen en waaraan men bij een eerste lectuur meestal weinig aandacht schenkt. Hier doet het woordje "nun" het: "nu lijkt voor een kind iedere ruimte stampvol waar wat lichten branden" enz. De levendige narratio gaat onopvallend over in een reflexieve tegenbeweging, die de evidentie van de aanhef langzaam terug afbouwt.

En bij het afbreken van de tekst heeft de lezer bepaald de indruk dat die aanhef herroepen moet worden.

Maar is dit in werkelijkheid zo? De verteller laat die eerste zin eigenlijk ongemoeid, zijn aandacht gaat naar de eerder ongewone omstandigheden die het optreden van de goochelaar destijds begeleidden. En hier maakt deze tekst nog iets anders zichtbaar dat voor de epische draagkracht van de aanhef van doorslaggevend belang is: hij reflecteert over de structuur van de herinnering. Hij legt de psychische mechanismen bloot volgens welke herinneringen zich in het geheugen innestelen eer ze zich tot een verhaal kristalliseren. Daarbij wordt duidelijk dat de herinnering van bij haar oorsprong een imaginaire grootheid is, die tot taak heeft de afstand tussen het onachterhaalbare verleden en het 'nu' van het vertellen te overbruggen. Het resultaat van die imaginaire operatie is precies de eerste zin: K. was groot in de goochelkunst. Die uitspraak heeft geen steunpunt in de feiten, m.a.w. haar evidentie hangt in het luchtledige.

Het heeft er dan ook veel van weg dat aan de oorsprong van het vertellen zoiets als een goocheltoer ligt. Het vervolg van de tekst maakt dat duidelijk door te demonstreren waarin goochelkunst eigenlijk bestaat: in het opwekken van scenario's die wij niet zien en die in werkelijkheid ook niet bestaan. Het fragment doet aldus op reflexieve wijze de beweging over die in de eerste zin narratief voltrokken werd en brengt zijn waarheid aan het licht: een denkbeeldige constructie. Maar het effect van die kunstgreep is zo echt als het konijn dat de goochelaar uit zijn hoed tovert.

We hebben er natuurlijk het gissen naar hoe deze kleine schets zich verder zou ontwikkeld hebben, maar men kan er wel een model in herkennen dat Kafka herhaaldelijk heeft toegepast.[2] Het moge nu rijkelijk speculatief klinken, toch waag ik het hier de hypothese naar voor te schuiven dat de goochelaar in Kafka's proza een van de representanten van de verteller is. Ik zeg wel representanten, want ongetwijfeld schuwt die verteller te zeer elk antropomorfisme om zich zelf ongegeneerd in die rol te presenteren, maar de scenario's die hij oproept, verwijzen alle naar die randzone waar het onwaarschijnlijke uit de schaduw treedt en de begoocheling een aanvang neemt. In de dimensie van de schijn, dit interval tussen wat is en niet is, ligt dan ook een narratief apriori waar Kafka's vertelkunst voortaan niet meer om heen komt. Zo zijn we dan teruggekeerd tot dat intrigerende zinnetje uit het 5e octavo-schrift "K. war ein großer Taschenspieler."[3]

2. *Kanttekeningen bij de letter K.*

Het zal intussen niemand ontgaan zijn dat er nog een andere reden is waarom het hier besproken fragment de aandacht trekt van de grasduinende lezer.

[2] o.a. in de novellen *Beim Bau der Chinesischen Mauer* en *Josefine, die Sängerin oder das Volk der Mäuse*. Deze teksten worden besproken in het laatste hoofdstuk.

[3] Het Duitse 'Taschenspieler' verschijnt volgens F. L. K. Weigands *Deutsches Wörterbuch* (5. Aufl., Leipzig 1909-1910) eerst vanaf de 17e eeuw. Het middelhoogduits en ook Luther kennen uitsluitend 'goukeln' en 'gougeln'. Als betekenis wordt aangegeven "Zauberei, trügerisches Blendwerk (oogverblinding, begoocheling) treiben". 'Goukelaere' is in het mhd. de gebruikelijke term voor "Taschenspieler", "Jahrmarktskünstler".

Ze betreft de naam waarmee de goochelaar bedacht wordt. Wie is eigenlijk die K.? Het personage zou weinig opvallen, waren daar niet zijn twee naamgenoten, de onfortuinlijke procuratiehouder Josef K. uit *Het proces* en de rusteloze landmeter K. uit *Het slot*. De onvermijdelijke associatie met die twee namen verleent aan de figuur van de goochelaar een waardigheid die hem misschien niet toekomt. Aan de andere kant is er geen reden om Kafka hier van slordigheid te verdenken, alsof hij bij gebrek aan beters tijdelijk beroep zou doen op een noodhulp: de naam K. als invaller. En als dit al het geval mocht zijn: de letter staat er en eist haar recht op. Men kan de redenering ook omkeren: zijn de twee K.'s uit de romans misschien ook maar invallers? Want Kafka legt bij het bedenken van namen voor zijn personages doorgaans een grote vindingrijkheid aan de dag. Hij put ze zowel uit het Duits als uit het Slavisch of het Italiaans: er is de huwelijkskandidaat Eduard Raban, de handelsreiziger Gregor Samsa, de verloofde Frieda Brandenfeld, de schilder Titorelli en ga zo maar door. Bovendien suggereren ze een meestal doorzichtige, maar toch toepasselijke symboliek, zodat we moeten besluiten dat Kafka bij de keuze van namen welberekend te werk ging.

Is de naam K. dan toch een gatstopper? Toch eerst nog dit: het gaat misschien gewoon om een afkorting. Kafka geeft de namen van in de dagboeken genoemde personen graag en bij voorkeur enkel met de initialen aan; Felice Bauer of Milena worden daar nooit voluit geschreven. Bij de allereerste vermelding op 15 augustus 1912 van de naam Felice, met wie Kafka zich een kleine twee jaar later kortstondig zou verloven, heeft hij het over "Verlegenheit vor dem

Aufschreiben von Namen."[4] Heeft die verlegenheid ook meegespeeld bij de keuze van de naam K.? Een blik op de briefwisseling nu leert dat Kafka zijn brieven dikwijls met enkel de initialen ondertekent. Een eigenaardige bijzonderheid geeft de briefwisseling met Felice Bauer en later die met Milena Jesenska te zien, waarin we, zoals men weet, de ontwikkeling van een complexe en onzekere liefdesrelatie kunnen volgen. De eerste brieven zijn telkens ondertekend met het formele "Dr. Franz Kafka" of nog "Ihr Franz Kafka". Later worden ze afgesloten met "Franz", ook afgekort "F.", "Dein Franz" of gewoon "Dein". Maar eer het zover komt, vinden we als tussenfase een hele reeks brieven ondertekend met "Ihr Franz K." Is ook dit een uiting van verlegenheid bij het schrijven van een naam? Het valt moeilijk te zeggen, te denken geeft het alleszins.

Anderzijds was het gebruik van de afkorting van persoonsnamen destijds wellicht niet zo ongewoon. De hierboven reeds aangehaalde dagboekaantekening van 27 januari 1922, dag van Kafka's aankomst in Spindelmühle, lijkt dit te bevestigen. In het hotel staat de nieuwe gast verkeerdelijk als "Josef K." ingeschreven. De foute voornaam en ook de afkorting K. zijn hier op zichzelf niet belangrijk, wel het feit dat achter die toevallige verschrijvingen plots een romanpersonage opduikt, een beetje zoals in Goethes *Faust* uit de kacheldamp waar de poedel in verdween, Mephisto te voorschijn komt. Maar er is zo men wil nog meer magie in het spel, want uitgere-

[4] *Dagboeken 1910-1913*, p. 197. De vertaling geeft de betekenis niet correct weer: "Veel aan - wat een verwarring bij het schrijven van een naam - F.B. gedacht."

kend in Spindelmühle schrijft Kafka de eerste hoofdstukken van zijn roman *Het slot*, zodat op deze plek Josef K. en de landmeter K. elkaar om zo te zeggen tegen het lijf lopen. Misschien zelfs heeft bij deze onverwachte ontmoeting de een de ander zijn naam te leen gegeven, maar dit levert nog geen argument om in die naam slechts de voorlopige dekking te zien van een alsnog nader te bepalen identiteit.

"Toute subversion, ou toute soumission romanesque commence [...] par le Nom Propre", zo betoogt Roland Barthes in zijn studie *S/Z* .[5] De letter K. duidt in Kafka's werk de plaats of een van de plaatsen aan waar deze subversie een aanvang neemt. Wanneer de auteur er in Spindelmühle toe besluit de zwerverlandmeter uit *Het slot* met dezelfde initiaal te introduceren als zijn voorganger uit *Het proces*, dan betekent dit dat die initiaal lang voordien reeds tot een passe-partout geworden is die de identiteit van het traditionele romanpersonage enkel nog nabootst. En indien dit mocht kloppen, dan draagt in elk geval ook de goochelaar, deze meester van de nabootsing en van het snelle gebaar, zijn naam niet onterecht.

Er is met betrekking tot die naamkwestie nog een vraag onbeantwoord gebleven: staat de letter K. niet ook voor Kafka? Biografen met zin voor het kafkaeske in Kafka zullen allicht in de verleiding komen in dit bizarre naamspel het uitmuntend bewijsstuk te zien dat alle twijfels omtrent de ware identiteit van de K.'s oplost: het gaat om de auteur zelf. Zei ook Flaubert (één van Kafka's lievelingsauteurs) immers niet van zichzelf: "Madame Bovary, c'est moi"? Nu, laten we ook hier de dingen even van

[5] R. B., *S/Z* , Paris 1970, p. 102.

naderbij bekijken. Kafka heeft met zijn naam in zekere zin geluk gehad: hij leende zich van nature tot literaire manipulaties. Het moet echter vooraf gezegd dat de afkorting K. niet zijn vondst was; ze werd hem als het ware aangeboden. Het kwam er alleen op aan het schijnbaar minuscule detail af te zonderen opdat zijn fictioneel gehalte aan het licht zou komen. Men moet namelijk weten dat de publieke sfeer waarin Kafka opgroeide en leefde, door de letter k in een mate werd beheerst die vandaag hoogstens nog als in een flits tot ons doordringt, b.v. wanneer we het geluk hebben op grootmoeders zolder een oude koekjesdoos te vinden waar op te lezen staat: "Hofleverancier". In de Oostenrijks-Hongaarse Monarchie was het codewoord voor deze en andere soorten kwaliteitslabels gewoon k: "kaiserlich-königlich" of, nog dichter bij de kroon: "kaiserlich und königlich". Kafka's generatiegenoot Robert Musil heeft zoals bekend in zijn *Mann ohne Eigenschaften* uit diezelfde grondstof zijn allegorie van het rijk Kakanien geprepareerd:

> "Trouwens, wat zou er niet allemaal voor opmerkelijks te vertellen zijn over dit verzonken Kakanië! Het was bijvoorbeeld keizerlijk-koninklijk én het was keizerlijk én koninklijk; een van die twee stempels k.k. of k.&k. droeg daar alles en iedereen, maar desondanks moest je zijn ingewijd in een geheime wetenschap om altijd met zekerheid te kunnen onderscheiden welke instellingen en personen als k.k. en welke als k.&k. behoorden te worden geadresseerd."[6]

[6] Robert Musil, *De man zonder eigenschappen. Roman*, vertaald door Ingeborg Lesener, dl. 1, Amsterdam 1988, p. 44.

Dynastieke verwikkelingen rond de naam Kafka? Helemaal uit de lucht gegrepen lijkt het niet, vooral wanneer we bedenken dat de namen Franz en Josef de samenstellende delen vormden van de naam van de toen regerende Oostenrijkse keizer. Zo we al aannemen dat Kafka onder de afkorting K. het spoor van zijn eigen naam in zijn teksten heeft willen achterlaten - en dat is veelzeggend genoeg -, dan maken zulke complexe verbanden op zijn minst duidelijk dat we ook hier op onze hoede moeten zijn voor al te simplistische gevolgtrekkingen. Want de auteur gaat in het leggen van dit soort verbanden zeer ver. Het is bekend hoe hij niet alleen door gewaagde verkortingen zoals in het geval van de K.'s, maar eveneens door middel van kunstige anagrammen en verre allusies de naam Kafka in zijn teksten verweeft. Ook hier trof hij het weer met zijn naam: 'kafka' betekent in het Tsjechisch kraai of kauw, Duits 'Dohle', Italiaans 'gracchio'; het briefhoofd van de handel 'en gros' die zijn vader dreef, toont die vogel zittend op een stok. Hij schept er ook plezier in met sommige van zijn personages een soort letterspel te bedrijven dat naar zijn eigen naam verwijst; in het dagboek zinspeelt hij daar bij gelegenheid op, een enkele keer levert hij er ook de sleutel bij.[7] Kunstenaars gebruiken graag zulke cryptogrammen om hun

[7] Zie de aantekening van 11 februari 1913, waarin Kafka in de namen Georg Bendemann en Frieda Brandenfeld, de twee hoofdpersonages uit de novelle *Het vonnis,* verwijzingen opspoort naar zijn eigen naam en die van Felice: *Dagboeken 1910-1913*, p. 206. - Een gelijkaardige verstrengeling is waar te nemen bij het gebruik van de initialen F.B., die op Felice Bauer slaan, maar ook verwijzen naar Fräulein Bürstner, een personage uit *Het proces.*

werk ongevraagd te signeren: het is een oud procédé. Toch betekenen de K.'s, de Bendemanns, de Samsa's, de jager Gracchus in hun doorzichtige vermomming nog iets anders. Zij houden de negatie in van de identiteit die van oudsher in de eigennaam bevestiging zoekt; de auteur zelf verdwijnt er in de substituten van zijn naam. Het gaat met de vogel Kafka als met de kraaien die je op een kruisiging van Breughel kan zien: ook zij leiden de aandacht af van het hoofdgebeuren.

3. *De poetica van het variété*

Het is tijd dat we terugkeren naar de figuur van de goochelaar en pogen zijn plaats in het oeuvre van Kafka te omschrijven. Die kan alleen maar marginaal zijn, want zijn naamverwantschap met de hoofdpersonages van de grote romans is niet meer dan een travestie. Bovendien komt er bij mijn weten in Kafka's werk geen tweede goochelaar voor. Maar het zou verkeerd zijn in de goochelaar een personage in de traditionele zin te willen zien; wat daarvan bij hem rest, heeft veel weg van een parodie. De goochelaar vertegenwoordigt veeleer een constellatie. En dan komen we onvermijdelijk terecht bij het variété. Kafka had veel belangstelling voor variété en circus. De neerslag daarvan is in zijn werk duidelijk te zien; het volstaat te verwijzen naar teksten als *Op de galerij*, *Eerste smart*, *Een hongerkunstenaar*, *Een verslag voor een academie*, die alle circusartiesten aan het werk tonen. Kafka gaat echter ook hier erg spaarzaam te werk, want het is hem niet in de eerste plaats om de beschrijving van het circusmilieu te doen; het lijkt er eerder op dat voor Kafka de sfeer van het circus het geschikte medium was waarin zijn opvattingen over kunst en literatuur konden gedijen. Wie gewend is in Kafka's werk eerder de tragische accenten beklemtoond te zien, zal hier misschien even van opschrikken. Waar de kern van het tragische erin bestaat dat het de held van de massa afzondert en in zijn ondergang een vluchtig authenticiteitsmoment openbaart, is in het circus alles nabootsing, schijn, onecht. Daarom wordt de vraag naar de rechtvaardiging van de kunst hier ook eerst in alle scherpte zichtbaar. Het circus heeft zijn eigen waarachtigheid; alleen is die waarachtigheid van een andere orde. Adorno verwoordt deze problematische zijde van de kunst op de hem eigen lapidaire wijze waar hij schrijft: "In het element van het clowneske bewaart de kunst een troostrijke herinnering aan haar voorgeschiedenis in de oerwereld van het dier [...] In de gelijkenis van de clowns met de dieren licht de gelijkenis op van de apen met de mens; de constellatie dier/nar/clown behoort tot de diepste lagen van de kunst."[8]

In *Een verslag voor een academie* heeft Kafka zich in die voorgeschiedenis verdiept waar Adorno op doelt. De circusaap Rotpeter doet er voor de leden van een academie het verhaal van zijn overgang naar de menselijke soort. Lezen we dit relaas vanuit het gezichtspunt van de spreker, dan worden we vergast op een verbluffend staal van retorische behendigheid, dat als inaugurale oratie bij de opname in het hoge

[8] "Im clownischen Element erinnert Kunst tröstlich sich der Vorgeschichte in der tierischen Vorwelt [...] In der Tierähnlichkeit der Clowns zündet die Menschenähnlichkeit der Affen; die Konstellation Tier/Narr/Clown ist eine von den Grundschichten der Kunst." Th. W. Adorno, *Ästhetische Theorie*, Frankfurt 1970, p.181-82.

academische gezelschap ruimschoots kan volstaan, zo dat al de bedoeling mocht zijn. Toch is dit verslag niet gewoon een ik-verhaal. De aap begint met te verklaren dat hij aan het verzoek van de academie om over zijn "äffisches Vorleben"(801) te berichten niet kan voldoen, omdat bij de evolutie die hij doorgemaakt heeft, de herinneringen aan zijn vroeger leven ten enenmale verbleekt zijn. Hij maakt daarentegen zelfbewust aanspraak op het ontwikkelingsniveau van de modale Europeaan en wenst bijgevolg te spreken over hoe hij het tot mens heeft gebracht, niet zonder eerst met een beroep op het apeverleden van zijn toehoorders de rollen te hebben omgekeerd: "uw leven als apen, mijne heren, in zover er iets dergelijks achter u ligt, kan niet verder van u verwijderd zijn, dan het mijne van mij." De provocatie zit handig verpakt in een beleefd-ironische restrictie, maar de tekst bevat nog meer insinuaties in die richting, waaruit valt op te maken dat in zijn ogen de afgelegde afstand, althans wat de anderen betreft, niet zo bijzonder groot is.

Maar ook al is Rotpeter naar eigen zeggen een gewezen aap, hij is daarom nog niet zonder meer mens. Het hinkt allemaal een beetje, zoals ook hijzelf tengevolge van het fatale schot dat hem destijds velde, nog altijd lichtjes hinkt. Het verleden mag dan al uit de herinnering van mens en aap gebannen zijn, het lichamelijk gebrek kan zijn herkomst niet verloochenen: "Maar aan zijn hielen voelt iedereen, die zich op aarde bevindt, het kriebelen: de kleine chimpansee even goed als de grote Achilles." De aap beschrijft zijn overstap naar de mensenwereld ook niet in optimistische termen van vooruitgang. Het ging om een noodoplossing, een "uitweg", zoals hij bij herhaling beklemtoont; vrijheid kwam er niet aan te pas.

Toch vertegenwoordigt hij tegelijk wat Alexandre Kojève in zijn bekende commentaar op de *Phänomenologie* van Hegel een "animal intelligent" noemt.[9] In dit stadium van zijn ontwikkeling verovert het zelfbewustzijn het besef van zijn ware natuur en koestert deze ontdekking met een wat twijfelachtige trots als zijn eigen "werk", zegt Hegel. Bij Rotpeter kunnen we een gelijkaardige beweging vaststellen: zijn prestatie bestaat erin dat hij het wezen van de mens op het spoor is gekomen. En zoals de intellectueel uit de geestelijke diergaarde van Hegel wil hij dit besef naar buiten tonen. Meer dan het feitenrelaas dat hij ten beste geeft, kan de zelfverzekerdheid waarmee de aap zijn rede afsteekt, als symptoom gelden van de staat die hij heeft bereikt. Zijn retorische opstelling is immers de enige waarborg waarover hij beschikt om zijn geleerd en wellicht sceptisch, misschien zelfs geamuseerd auditorium te overtuigen. Maar zo komt ook de dubbelzinnigheid van dit 'discours' aan den dag, en men kan zich afvragen welke van beide partijen de andere om de tuin leidt. Het ik-verhaal gaat op in een omvattender mise-en-scène waarvan het narratief statuut moeilijk te omschrijven valt. De vraag of Rotpeter zijn rol als mens al dan niet ver-

[9] A. Kojève, *Introduction à la lecture de Hegel*, ed. Raymond Queneau, Paris 1985(1949), p. 90. - De commentaar van Kojève heeft betrekking op kap.V.C.a van de *Phänomenologie des Geistes*, waarin Hegel het stadium van de reëel ervaren, maar nog lege individuele natuur van het zelfbewustzijn als "geistiges Tierreich" omschrijft. Jean Hyppolite vindt dit een "expression pittoresque" en geeft als vertaling "monde animal spirituel", J. H., *Genèse et structure de la Phénomenologie de l'Esprit de Hegel*, Paris 1946, p. 287.

innerlijkt is daarbij niet zo relevant,[10] evenmin als de vraag welke instantie aan de aap haar stem leent. M.a.w. het komt er niet zozeer op aan te weten of Rotpeter de waarheid spreekt dan wel wiens waarheid hij door zijn toespraak aan het licht brengt. En hier wacht ons toch nog een verrassing.

Het centrale argument in Rotpeters betoog is dat van de nabootsing. En dit argument is eng verbonden met het motief van de 'uitweg': "Ik herhaal het: het lokte mij niet aan de mensen na te doen; ik deed hen na, omdat ik een uitweg zocht, om geen enkele andere reden."(806) Die uitweg blijkt dan het variété te zijn, waar hij elke avond optreedt - als mens wel te verstaan. (Over de vraag of het verslag voor de leden van de academie ook niet een variéténummer is, doen we best geen uitspraak.) Dat zijn waarnemingen zich noodgedwongen toespitsen op de techniek van het spuwen en het opsteken van de pijp of het hanteren van de brandewijnfles, deert hem niet; het komt er voor hem op aan dat die gestes deel uitmaken van zijn artistiek repertoire. Hij zegt zich het ogenblik nog goed te herinneren waarop hij de beslissende stap zette van het radeloze dier dat zijn vrijheid kwijt is, naar de mensenmaatschappij:

> "toen ik op die avond, zonder dat iemand erop lette, een drankfles die toevallig bij mijn kooi was blijven staan, greep, haar onder stijgende belangstelling van het gezelschap handig ontkurkte, aan de mond zette en zonder aarzelen, zonder mijn mond te vertrekken, als volleerd drinker, met rollende ogen, klokkende keel, werkelijk en waarachtig leeg dronk; niet meer

[10] Vgl. Gerhard Neumann, *"Ein Bericht für eine Akademie". Erwägungen zum Mimesis-Charakter Kafkascher Texte*, DVjs 49 (1975), p. 175.

> als een wanhopige, maar als een kunstenaar de fles weggooide; weliswaar vergat mij over mijn buik te strijken; maar daarvoor in de plaats, omdat ik niet anders kon, omdat ik moest, omdat mijn hoofd tolde, kort en krachtig 'Hallo!' riep, in mensentaal losbarstte, met deze kreet in de menselijke maatschappij sprong en hun echo: 'Hoor toch eens, hij spreekt!' als een kus op mijn van zweet druipend lichaam voelde."(806)

Het is wel degelijk zijn artistieke bravoure die Rotpeter zijn aanzien als mens oplevert. Natuurlijk laat niemand zich bij de neus nemen: aap blijft nu eenmaal aap. Een geruststellende gedachte op de weg van het circus naar huis. Toch zit er in Kafka's tekst nog een angel verborgen, en wel met betrekking tot het herhaaldelijk terugkerende woordje 'nabootsing'. De aap blijkt inderdaad zijn Aristoteles goed te hebben begrepen. Deze betoogt immers in de *Poetica* dat de mens zich van de andere dieren onderscheidt door zijn bijzondere aanleg voor de nabootsing (oti mimètikôtaton esti, 1448b). Op die antropologische uitspraak is heel de theorie van de mimesis gebouwd. Het is alleen de vraag of het onderscheid tussen mens en dier wel zo radicaal is als Aristoteles het laat voorkomen. Want het dier kent wel degelijk een, zij het primitieve vorm van nabootsing, de mimicry, waarbij het zich door verregaande aanpassing aan de omgeving voor zijn natuurlijke vijand onzichtbaar weet te maken, een afleidingsstrategie waar ook de mens in ogenblikken van gevaar nog op terugvalt. Volgens Adorno nu moet in dit vermogen tot "Anschmiegung ans andere" de oorspronkelijke mimetische impuls gezocht worden, die echter onder de druk van wat hij het 'mimetisch taboe' noemt gaandeweg uit het maatschappelijk proces weggedrongen werd. In de magie wist die impuls zich nog te handhaven; later vond hij een onderkomen in de kunst, die aldus drager werd van een blijvend subversief potentieel.[11]

Rotpeter doorbreekt niet alleen het mimetisch taboe, maar heeft meteen ook - wat hier nagenoeg op hetzelfde neerkomt - het mens-zijn doorschouwd: hij vindt de gezochte uitweg omdat hij het geheim van de nabootsing ontdekt heeft. Aristoteles beperkte zich bij zijn beschrijving van de oorsprong van de mimesis tot het voorbeeld van de kinderen en de filosofen; de aap bleef buiten zijn gezichtsveld. *Een verslag voor een academie* brengt dan ook een, zij het ironische, commentaar op de *Poetica*. De mimesis, dit kernbegrip uit de esthetica van het avondland, wordt er van onder uit bekeken en te licht bevonden. Tegenover de veredelende tendens van de Aristotelische poetica plaatst Kafka de ontluisterende visie van een niets ontziende kritiek. Dit betekent niet minder dan dat het variété voor hem het eigenlijke forum is waar de discussie over het statuut van de kunst voortaan moet gevoerd worden.

4. *Nabootsing*

De door Kafka in *Een verslag voor een academie* geformuleerde kritiek komt hierop neer dat de mimesis teruggebracht wordt tot de pure uitwendigheid van

[11] Zie: Michael Cahn, Subversive Mimesis: Theodor W. Adorno and the Modern Impasse of Critique, in: *Mimesis in Contemporary Theory: An Interdisciplinary Approach. Vol. I: The Literary and Philosophical Debate*, ed. Mihai Spariosu, Philadelphia/Amsterdam 1984. - De uitdrukking "Anschmiegung ans andere" in: Th. W. Adorno, *Dialektik der Aufklärung*, Frankfurt 1969, p. 162; 'mimetisch taboe' in: Th.W.A., *Ästhetische Theorie*, passim p. 142, 169, 487.

het gereproduceerde gebaar. Indien we Plato mogen geloven, is dit geen mimesis meer, maar vulgaire nabootsing van de derde graad.[12] Plato heeft nog wel enige consideratie voor de z.g. diëgetische genres, de lyriek en vooral de verhaalkunst, tenminste daar waar de auteur/verteller als een goede bewaker het vertelde in de hand houdt en voor ontsporingen behoedt. De dramatische poëzie en met name de komedie moeten het bij hem ontgelden, omdat die censuur daar wegvalt en de nabootsing er vrij spel krijgt. De bewakingsfunctie van de verteller heeft immers alles te maken met het onderwerpen van de verschijning aan de zin, van het buitenste aan het binnenste of, in een meer technische terminologie, met de voorrang van het betekende op de betekenaar. De verteller zoals Plato hem opvat is de behoeder van de zin. Wat men daar ook moge over denken, zijn diagnose was in elk geval correct: de geëmancipeerde en autonoom geworden nabootsing opent een dimensie die aan het alternatief waarheid/leugen ontsnapt. Die dimensie heeft weliswaar in de beursnoteringen van de kunst nooit meer dan een marginale plaats ingenomen, maar het marginale wordt gewoonlijk gevreesd en om die reden verdrongen; meer nog, het zou wel eens het verdrongene zelf kunnen zijn.

De poëzie verkeert dus voor Plato in slecht gezelschap, zoveel is zeker. Dacht hij daarbij ook aan de goochelaar? Uiteraard. Misschien zelfs moeten we in diens personage de eigenlijke tegenspeler zien van de *Logos*. Want de goochelaar is niet alleen de meester van het volmaakte gebaar; hij brengt het wezen zelf van de nabootsing aan het licht. Als goed linguist

[12] *De staat* , 3e & 10e boek.

maakt hij daarbij handig gebruik van de structuur van het taalteken. De zakken, de mouwen, de sjaals, de hoed, de versluierde rekwisieten zijn zovele plaatsen waar betekenis geacht wordt zich schuil te houden. Het zwarte jacquet, de wijde met zwier afgelegde mantel zijn niet toevallig gekozen, maar functioneren binnen een weloverwogen semiotisch systeem. Het kostuum wordt aldus heel en al betekenaar: de goochelaar staat voor het aangeklede teken. Maar zijn spel is louter formalisme; hij lost alles op in beweging. Terwijl hij de toeschouwers in de waan brengt dat hij niets te verbergen heeft, blijven de proposities die hij ontwikkelt, leeg en zo is ook het konijn van dienst vanzelfsprekend niet meer dan een pseudobetekende. De goochelaar imiteert het betekenisgevend discours alleen maar en ontwricht op die manier tegelijk de structuur van het teken.

De goochelaar is anderzijds ook een gewiekst verteller. Zo we met Roland Barthes aanvaarden dat de geheime impuls van het vertellen erin bestaat verwarring te scheppen tussen het consecutieve en het causale, dan vervult de goochelaar inderdaad al de voorwaarden die aan de verteller gesteld worden, want bij elke handgreep versterkt hij de verwachting dat er iets gaat gebeuren ("il va y avoir du sens"), dat de causaliteit aan het licht zal treden die elk verhaal fundeert. Maar ook hier is het hele arsenaal van gebaren er alleen op gericht de toeschouwer af te leiden, want er ontstaan geen echte sequenties. M.a.w. de verwarring tussen opeenvolging en verband, tussen wat Barthes "confusion entre la consécution et la conséquence, le temps et la logique"[13] noemt, wordt

[13] R. B., *Introduction à l'analyse des récits*, Communications 8(1966), p.12.

hier bewust uitgebuit en op de spits gedreven. De goochelaar laat zich aldus kennen als pseudo-verteller, maar precies daarin bestaat dan weer het fascinerende van zijn optreden: hij demonstreert met zijn gebarenspel de mise-en-scène van de schijn.

Heeft de goochelaar ook het laatste woord? En welke hand schrijft in dit geval zijn scenario's? Dit zijn uiteindelijk filosofische vragen en om ze te beantwoorden doen we beroep op een oud boek. Ongeveer in het midden van zijn omvangrijke *Kritik der reinen Vernunft* bezint Kant zich in een kort hoofdstuk over wat hij de transcendentale schijn noemt. Hij zet dit begrip af tegen de z.g. logische schijn, die volgens hem de wetten van de rede gewoon nabootst (sic!) en zo tot sofismen leidt. Kunnen deze laatste door een juist gebruik van de regels van de logica als foute redeneringen of als drogreden onderkend en opgeheven worden, anders is het gesteld met de transcendentale schijn. Die heeft betrekking op de structuur van de rede zelf en op de principes die haar funderen. Het is de taak van de transcendentale dialectiek die schijn als schijn bewust te maken, maar hem opheffen kan ze niet. De verklaring daarvoor moet volgens Kant gezocht worden in het feit dat het hier om een onuitroeibare illusie gaat die ons er telkens opnieuw toe verleidt de begrenzingen van ons denken te overschrijden: "Er bestaat bijgevolg een natuurlijke en onvermijdelijke dialectiek van de zuivere rede [...] die de menselijke rede op een niet te verijdelen manier aankleeft en die, ook nadat we de begoocheling aan het licht hebben gebracht, toch niet zal ophouden haar parten te spelen en haar steevast de verkeerde kant op te sturen [...]"[14]

[14] "Es gibt also eine natürliche und unvermeidliche Dialektik der reinen Vernunft, [...] die der menschlichen Vernunft unhin-

Tot zover Kant: nog een andere K. betreedt hier de scène. Is ook hij misschien vertrouwd met de goochelkunst? Wie weet. Er zij alleen aangestipt dat in de geciteerde passage met opvallende nadruk termen uit het betekenisveld van het goochelen ("Blendwerk", "vorzugaukeln", "Verirrungen") ter hulp geroepen worden om de limiet af te bakenen waar ons begripsvermogen op stuit; wie achter deze barrière wil grijpen, komt in een vreemde fantasmagorie terecht. Kant beschrijft die limiet dan ook niet als een grens waar we mogelijk overheen zouden kunnen komen, maar als een theatrale séance waar de rede zichzelf ensceneert en als be-goochelaar optreedt.

Levert deze wat vergeten passage uit de *Kritik der reinen Vernunft* nu een sleutel tot het begrijpen van Kafka? Misschien kan de vraag ook omgekeerd worden. De lezer zal het al begrepen hebben: ook de hermeneutische cirkel speelt ons parten; er komt geen eind aan de begoocheling. Kafka's goochelaar herinnert er ons alleen maar aan dat het begeerde 'Ding an sich' niet in de hoed zit en dat de K.'s net niet die zijn waarvoor we ze houden. Daarmee zijn we zo stilaan aan een pauze toe. De vertoning wordt voortgezet.

tertreiblich anhängt, und selbst, nachdem wir ihr Blendwerk aufgedeckt haben, dennoch nicht aufhören wird, ihr vorzugaukeln, und sie unablässig in augenblickliche Verirrungen zu stoßen, die jederzeit gehoben zu werden bedürfen." Die transzendentale Dialektik. Einleitung I. Vom transzendentalen Schein, in: Imm. Kant, *Kritik der reinen Vernunft*, ed. Wilhelm Weischedel, Darmstadt 1956, p. 311. - Voor de problematiek van de schijn in de kunst, zie: Th. W. Adorno, *Ästhetische Theorie*, p. 155-69.

HOOFDSTUK III:

DE KUNST VAN HET GOOCHELEN II

"Mehr als äußerstes Spiel kann dem Zuschauer nicht zugemutet werden."
Dagboek, 30 december 1911

1. *Grondbeginselen van de mise-en-scène*

Hoewel niets het daartoe voorbestemde, heeft Kafka's verhalend proza niet opgehouden theatermakers en filmregisseurs te fascineren. Er bestaan van zijn teksten talloze bewerkingen voor toneel, de romans *Amerika*, *Het proces* en *Het slot* werden herhaaldelijk verfilmd, zelfs operacomponisten voelen zich aangetrokken tot het werk van de man die ooit aan Max Brod bekende dat hij niet in staat was het verschil te zien tussen *De lustige weduwe* en Wagners *Tristan*. Vanwaar deze belangstelling? Berust ze op een misverstand?[1] Want hoe lofwaardig en zelfs in hun genre

[1] Iemand als Marthe Robert stelt zich in de afwijzing van welke bewerking ook van Kafka's teksten zeer radicaal op: "Si l'on pouvait remplacer les images verbales, les figures de style, par des images réelles, visuelles, la littérature pourrait tout simplement cesser d'être." Zie: Entretien avec Marthe Robert, *Obliques* 3 (1973), p. 4-5. Haar argument steunt op een definitie van literatuur zonder meer en is in dit opzicht uiteraard onweerlegbaar. Vraag blijft of er een andere vorm van transpositie denkbaar is dan wat hier nogal simplificerend "remplacer" heet. In dit verband kan worden verwezen naar Marguerite Duras, die in haar filmisch werk de afstand tussen tekst en beeld, tussen literatuur en film resp. theater als structurerend principe hanteert. Zie: Stefan Hertmans, Een schuldige op zoek naar zijn naam. Over

geslaagd zij ook mogen zijn, de meeste van die adaptaties roepen bij de toeschouwer tegenstrijdige gevoelens op, alsof datgene waar het in Kafka's teksten om gaat, niet in een visuele (laat staan een muzikale) voorstelling kan gevat worden. Kafka zelf heeft zich daarover nooit uitgelaten, om de goede reden dat de behoefte om zijn verhalen op de scène te brengen of in een filmscenario te gieten eerst lang na zijn dood is ontstaan, meer bepaald na de tweede wereldoorlog.

Maar er zijn wel zijdelingse aanduidingen te vinden. Het probleem stelde zich namelijk in vergelijkbare termen bij illustraties, vooral wanneer ze herkenbare momenten van de teksten in beeld wilden brengen. Niet toevallig verzette Kafka zich destijds in een brief aan zijn uitgever uit alle macht tegen de afbeelding van een kever op de kaft van *De gedaanteverwisseling* : "Het insekt zelf kàn niet getekend worden. Maar het kan niet eens van uit de verte getoond worden."[2] Het alternatief dat hij dan voorstelt, wellicht om erger te voorkomen, is al even betekenisvol. Hij denkt aan scènes als: de ouders in gezelschap van de procuratiehouder, die navraag komt doen, staande voor de gesloten deur van de kamer waar Gregor zich ophoudt of, beter nog, de ouders en de zus van Gregor zittend in de verlichte kamer, terwijl de deur naar de geheel donkere nevenkamer openstaat. Vooral het tweede voorbeeld maakt duidelijk dat het Kafka niet gewoon te doen is om een plaatje-bij-de-tekst, hij ontwerpt een gesloten scenische constellatie, waarbij het afbeeldingsverbod in de voorstelling zelf geïn-

enkele films van Marguerite Duras, in: *Sneeuwdoosjes. Essays*, Amsterdam 1989, p. 88-108.

[2] Brief van 25 oktober 1915 aan Kurt Wolff. Zie: *Brieven 1902-1919*, p. 141.

tegreerd wordt en de anekdotische aankleding als drager fungeert die datgene wat niet kan getoond worden, toch laat verschijnen.

De heftigheid waarmee Kafka in de geciteerde brief zijn mening te kennen geeft, ondersteunt nochtans het vermoeden dat er meer in het geding is. Het lijkt er wel op alsof bij Kafka tekst en voorstelling elkaar niet verdragen. De verklaring daarvoor is vrij eenvoudig: zijn teksten bezitten uit zichzelf reeds een fantasmatische aanschouwelijkheid die van elke omzetting in een ander medium een overtreding maakt. Als dat niet zo was, dan zou trouwens iedere transpositie meteen haar bestaansrecht verliezen, een paradox waar veel bewerkingen al te licht overheen stappen. Op dezelfde wijze nu kan betoogd worden dat in zijn verhalen een 'tekstuele' theatraliteit aan het werk is die ze immuun maakt tegen elke ingreep van buitenaf, maar tegelijk toch alles te maken heeft met het theater dat wij menen te kennen of waarnaar wij op zoek zijn, alsof, ook hier weer, de tekst reeds van te voren alle visuele en scenische mogelijkheden in zich heeft opgezogen en ze niet meer loslaat.

Deze bijzondere eigenschap van Kafka's schriftuur ontsnapt aan een doorgedreven rationele verklaring. We kunnen ze aan zijn teksten aflezen, maar haar psychologische wortels blootleggen blijft een hachelijke onderneming. Toch wil ik daartoe een poging wagen, op gevaar af verkeerd begrepen te worden. Ze steunt op de dagboeken, die met name voor de periode 1910-1914 enkele opmerkelijke feiten te zien geven. Zo valt het op dat Kafka erg begaan is met zijn dromen. Dat blijkt uit de talrijke droomverslagen die in de dagboeken staan opgetekend en die op zijn minst van een toch wel heel sterk inlevingsvermogen getuigen; waren ze niet als droom gekenmerkt, dan zou men ze voor de aanzet van een verhaal kunnen houden zoals er in de dagboeken vele te vinden zijn. Zo ongewoon is dit nu ook weer niet; tenslotte is iedere droom een verhaal, althans in de versie die de ontwakende daarvan brengt. Maar bij Kafka is die band blijkbaar enger en vooral ook van een andere aard. Revelerend is in dat opzicht de bekende dagboekaantekening van 6 augustus 1914, waarin hij met de hem eigen radicaliteit zijn positie als schrijver tracht te bepalen. De zin voor de uitbeelding van zijn innerlijk leven heeft al het andere tot bijzaak gemaakt, zo schrijft hij, en het verkommert zienderogen; volgt dan een voor Kafka typische omkering van het gezichtspunt, waarbij in deze algemene verkommering uiteindelijk ook het schrijven zelf het moet begeven. Ons interesseert hier die ene zinsnede waarin heel bepaald aan het droomkarakter van dit innerlijk leven een sleutelrol wordt toegekend: “Der Sinn für die Darstellung meines traumhaften innern Lebens [...]”[3]

Deze uitspraak leent zich als geen andere voor misvattingen en kortsluitingen. Om dat laatste te vermijden, kan men ze best ook eens op haar narratologische waarde toetsen. Kafka beperkt er zich toe vast te stellen dat zijn innerlijk leven aan de droom verwant is of daarmee gelijkenis vertoont; de mening als

[3] F. K., *Tagebücher*, ed. Hans-Gerd Koch, Michael Müller & Malcolm Pasley (Kritische Ausgabe), Frankfurt 1990, p. 546. De Nederlandse vertaling geeft “traumhaft” met “gefantaseerd” weer en laat zo het verband met de droom verlorengaan, *Dagboeken 1914-1923*, p. 58. De Franse vertaling is hier, zoals ook elders, veel preciezer: “Le talent que j’ai pour décrire ma vie intérieure, vie qui s’apparente au rêve”, F. K., *Journal*, traduit et présenté par Marthe Robert, Paris 1954, p. 385.

zou die gelijkenis a.h.w. op een natuurlijke wijze overvloeien in zijn verhalen, is een van die misvattingen die zowel aan de essentie van de droom als aan de specifieke aard van de literaire tekst voorbijgaat. Over de vraag hoe je dit droomkarakter weergeeft, zegt de notitie niets; maar daarmee wordt die vraag eerst echt acuut, want Kafka's verhalen zijn in hun geheel genomen helemaal geen dromen, in tegenstelling tot wat wel eens is gesuggereerd. Dromen worden bij hem altijd als zodanig gekenmerkt; wat geen droom is, eist het statuut van werkelijkheid op, hoe vreemd die werkelijkheid er ook mag uitzien. Maar dit onderscheid speelt hier niet direct; met de term 'Darstellung' heeft Kafka eerder een omvattende behandeling van zijn "traumhafte innere Leben" op het oog; die kan dan ook enkel betrekking hebben op de droomstructuur, op de vormgeving zo men wil, niet op droominhouden of vagelijk omschreven droomtoestanden.

Freud heeft in zijn *Traumdeutung* aan die structuur uitvoerig aandacht besteed. Tot haar voornaamste kenmerken behoort de door hem zo genoemde "Rücksicht auf Darstellbarkeit".[4] Freud bedoelt hier-

[4] *Die Traumdeutung* (Studienausgabe dl. II), kap. VI, D, p. 335 & 339. De Nederlandse vertaling luidt: "de inachtneming der plastische mogelijkheden, eigen aan het specifieke psychische materiaal waarvan de droom zich bedient", *De droomduiding* (vert. Thomas Graftdijk), Meppel/Amsterdam 1987, p. 412. - Opmerkelijk en voor ons betoog belangrijk is de polemisch toegespitste en van de gangbare Franse vertaling afwijkende formulering van Jacques Lacan: "égard aux moyens de la mise en scène", *Ecrits*, Paris 1966, p. 511. Voor een commentaar op het hier uiteengezette, zie: Samuel M. Weber, *Rückkehr zu Freud. Jacques Lacans Ent-stellung der Psychoanalyse*, Frankfurt/Berlin/Wien 1978, p. 64v.; Jean Laplanche & J.-B. Pontalis, *Vocabulaire de la psychanalyse*, Paris 1967, p. 159 ("figurabilité").

mee dat de droomarbeid bij de selectie en de bewerking van het ter beschikking zijnde droommateriaal rekening houdt met de scenische mogelijkheden (en beperkingen) die het inhoudt: abstracta worden concreet gemaakt, de elementaire meerzinnigheid van woorden uitgebuit. Logische samenhang speelt daarbij geen rol, alleen letterlijkheid telt. De term is hier op zijn plaats, want het gaat niet zozeer om beelden dan wel om een met beelden geschreven averechtse boodschap, een soort pictografisch schrift, verwant aan onze rebus. De droom zet m.a.w. een parade van betekenaars in beweging; zij volgen een route die zo goed en zo kwaad als het kan ontsnapt aan de censuur van een controlerende rationele instantie. De droomarbeid vertegenwoordigt aldus een vorm van regressie, waarbij voorstellingen en woorden of taaluitingen uit hun functionele gerichtheid worden losgeweekt en op die manier ter beschikking komen om dieperliggende psychische inhouden aan de oppervlakte te brengen. Hij kent bovendien geen hiërarchische waardenschaal; eens losgekoppeld van zijn geijkte betekenis, wordt alles bruikbaar. Freud spreekt van dagresten en herinneringssporen. De herkomst van het materiaal is niet zo belangrijk; waar het op aankomt is dat de dromer te werk gaat als iemand die met tweedehands spul zijn optrekje inricht: meer een knutselaar uit noodzaak dan een ordentelijke bewoner.

Indien Kafka's innerlijk leven de hier geschetste karakteristieken van de droom bezit, dan kan het niet anders dan dat ook de 'Darstellung' daardoor beroerd wordt, tenminste voor zover we deze als 'beschrijving', 'weergave', 'uitbeelding' verstaan - allemaal termen die op een stabiele taakverdeling tussen het binnen en het buiten berusten. De droom verstoort die relatie; hij is immers zelf reeds 'Darstellung'. Het droomkarakter haalt het innerlijk leven weg uit zijn eigen 'binnen' en het is bijgevolg niet langer beschikbaar. De 'weergave' kan geen weergave zijn; ze is schrijfarbeid, en zelf verwikkeld in de mise-en-scène die de krachten van de taal in beweging brengt.

Mogelijk moet in de door Freud beschreven vrijmaking van het woord- en beeldmateriaal de echte verwantschap van de droom met de kunst gezocht worden. Het zou een verklaring bieden voor het subversief betekenispotentieel waarvan elk kunstwerk de drager is, voorbij of achter de bewuste intenties van zijn maker. Freud ontwerpt hier een niet geheel geruststellend perspectief, dat aan de idee van de zogenaamde verhevenheid van de kunst grondig afbreuk doet. Alleszins houdt deze gedachte wat Freud betreft verband met een antropologie die de mens niet meer van bovenaf, maar andersom bekijkt; daar verschijnt hij niet langer als de door Karl Marx zo scherpzinnig beschreven schepper van de meerwaarde, maar als een wezen dat zijn aanwezigheid op de planeet verraadt door de achtergelaten vuilnisbelten.[5] Radicaler nog dan Freud heeft Kafka zich dit perspectief eigen gemaakt en er, als we ons zo mogen uitdrukken, zijn voordeel mee gedaan: "hij tilt haar (de psychoanalyse) uit haar voegen door haar

[5] "N'oublions pas en effet que c'est là depuis toujours une des dimensions où peut se reconnaître ce que le doux rêveur appelait gentiment l'*hominisation de la planète*. Pour ce qui est de reconnaître le passage, le pas, la marque, la trace, la paume de l'homme, nous pouvons être tranquille [...]. Là où il y a une accumulation de déchets en désordre, il y a de l'homme." J. Lacan, *L'éthique de la psychanalyse* (Le Séminaire VII), Paris 1986, p. 273-74.

preciezer bij haar woord te nemen dan zij zichzelf doet. Volgens Freud richt de psychoanalyse haar aandacht op het 'uitschot van de wereld der verschijnselen'. [...] Kafka zondigt tegen een aloude spelregel, doordat hij kunst uit niets anders vervaardigt dan uit het afval van de realiteit."[6]

2. *Ontmoeting met een acteur*

Keren we een ogenblik terug tot de dagboekaantekening van augustus 1914. Kafka formuleert hier niet een programma voor de toekomst; daarvoor blijkt hij te zeer verwikkeld in de dagelijkse strijd om te overleven, ook en vooral als schrijver. Hij maakt eerder een balans op van de voorbije jaren, en wel op een voor hem pijnlijk en zoals later gebleken is, beslissend ogenblik van zijn leven (de verbreking van zijn verloving met Felice Bauer en de aanvang van de roman *Het proces*). Het detail van die balans vinden we dan ook nergens beter beschreven dan in de dagboeken zelf:

> "In het dagboek vindt men de bewijzen dat men zelfs in toestanden die nu ondraaglijk schijnen heeft geleefd, om zich heen heeft gekeken en notities heeft gemaakt, dat dus deze rechterhand zich bewoog als nu, hoewel wij wel door de mogelijkheid de vroegere toestand te overzien verstandiger zijn, maar daarom des te meer de onverschrokkenheid van ons vroeger streven, dat zich in absolute onwetenheid toch staande hield, moeten erkennen."[7]

De zich bewegende rechterhand is op de eerste plaats een schrijvende hand, maar wie de dagboeken

[6] Th. W. Adorno, Aantekeningen bij Kafka, in: *Proces-verbaal van Franz Kafka,* p. 60.

[7] 23 december 1911. *Dagboeken 1910-1913,* p. 140-41.

leest zal daar tevergeefs het relaas in zoeken van de genese van een schrijverschap. We hebben in het vorig hoofdstuk reeds aangeduid hoe met de novelle *Het vonnis* - ze wordt in één nacht neergeschreven - in Kafka's literaire produktie een eerste vruchtbare fase aanbreekt. Het is dan september 1912. Tijdens datzelfde najaar volgen in snel tempo *De gedaanteverwisseling* en de roman *Amerika* (op het slothoofdstuk na, dat eerst in 1914 ontstaat). Kafka houdt dan sinds ongeveer twee jaar een dagboek bij; maar, nog eens, er is in die aantekeningen niets te vinden dat zo'n doorbraak motiveert. Integendeel, het lijkt wel of hij op zijn stappen terugkeert, hij is aan een zelfonderzoek begonnen dat hem afzondert van zijn eigen verleden en, eer hij goed bevonden wordt voor de literatuur, zijn ongeschiktheid voor het leven bij geschrifte vastlegt.

Op deze tocht nu ontmoet hij geheel onverwacht een gids die - zonder zich daar eigenlijk van bewust te zijn, want hij was zelf hulpbehoevend - aan zijn zoeken een beslissende wending zal geven. Deze man is Jitschak Löwy, leider van een joods theatergezelschap uit (het toen nog Oostenrijkse) Lemberg; van september 1910 tot begin januari 1912 verbleef dit gezelschap in Praag en gaf er gastvoorstellingen. We moeten ons onder die gebruikelijke omschrijving niet al te veel voorstellen, want het ging in werkelijkheid om een kleine rondreizende troep van een achttal acteurs, die met de opvoering van stukken in het Jiddisch aan de kost trachtten te komen. Zij traden op in het café Savoy, één van die gelegenheden waar een deftig burger zich niet liet zien. Hun repertoire stamde uit de volkse en vrome traditie van het oostelijk jodendom en was in nagenoeg niets te vergelijken met wat in de gevestigde duitstalige theaters werd vertoond. Kafka woonde die opvoeringen bij en bracht er in het dagboek uitvoerig verslag over uit. Hij sloot weldra hechte vriendschap met Löwy en steunde hem ook materieel zoveel hij kon.

Het "rumoer" van het "directe, letterlijk eens en voor altijd geïmproviseerde jodendom"[8] dat Kafka in het door hem zo genoemde "Jargontheater" ontdekte, fascineerde hem, greep hem ook emotioneel sterk aan, maar tegelijk bleef hij de waarnemer die met afstandelijke blik zowel de eigen indrukken registreert als dat wat op de scène verschijnt, beschrijft en keurt. Het ontging hem niet dat niet alle Jiddische schrijvers de oorspronkelijke Oosteuropese inspiratie even dicht benaderden, dat zij concessies deden aan de smaak van hun New Yorks publiek of aan een of andere hypothetische kunstnorm. Hij zag ook dat mede door hun armoedige levensomstandigheden en vooral door de primitieve uitrusting van het toneel de acteurs nagenoeg geheel op zichzelf waren aangewezen. Zonder schroom grepen zij naar een sterk uitwendige acteerstijl, die het hebben moest van gebaar en gelaatsexpressie, meer dan eens tot op de rand van de cabotinage. Maar precies deze ongeveinsdheid in het gebruik van de theatrale middelen sprak Kafka aan: ze bracht een herkenning tot stand die weldra in zijn proza diep zou doorwerken.

Door Löwy kwam Kafka in contact met een joodse denk- en leefwijze die hem, de Westeuropese jood zoals hij zichzelf noemt, tot dan toe onbekend was.

[8] *Dagboeken 1910-1913*, p. 83. Vgl. *Briefe an Felice*, Frankfurt 1969, p. 77. Voor de betrekkingen van Kafka met het joods theater, zie: Evelyn Torton Beck, *Kafka and the Yiddish Theater*, Madison/London 1971, p. 12-30; *Kafka-Handbuch I*, p. 390-95.

Deze onverwachte confrontatie met de eigen geestelijke herkomst scherpte niet alleen zijn kijk op het verburgerlijkte jodendom waarin hij was opgegroeid, met zijn louter formalistische plichtplegingen en zijn overjaars ritueel, ze noopte hem ook zich te bezinnen op zijn verhouding tot de eigen familiekring. Hoe consequent de beschouwingen in de dagboeken die daarop betrekking hebben ook mogen zijn, ze hebben niets opstandigs. Maar al spoedig zou er een aanklager opdagen en wel in de persoon van Kafka's vader. De schampere opmerking waarmee hij de omgang van zijn zoon met Löwy bedacht, was niet gewoon een belediging, ze vertoonde alle kenmerken van een rekwisitoor: "Wie met honden naar bed gaat, staat met luizen op."[9] Het hem door de vader eigenhandig opgespelde embleem van het ongedierte miste zijn uitwerking dan ook niet. Nog geen jaar later keert het terug als de centrale figuur van *De gedaanteverwisseling*. De literaire verbeelding bekrachtigt daarmee de aanvaarding van het zijnsniveau waar de uitspraak van de vader de zoon toe veroordeeld had.

Tegen de achtergrond van dit conflict krijgt de nabijheid van de joodse acteurs, die in hun kunst dit niveau a.h.w. belichaamden, wel een heel pregnante betekenis; zij waren de vriendelijke helpers die Kafka bij zijn afdaling de weg wezen. In het optreden van deze sociaal misprezen artiesten openbaarde zich een waarachtigheid van een heel andere orde dan de algemeen gangbare en door de conventies opgelegde, een waarachtigheid die op deze kwalificatie niet eens meer

[9] *Dagboeken 1910-1913*, p. 98. Kafka's vader putte bij gelegenheden als deze graag uit zijn voorraad aan zegswijzen; hij kon daarmee diep snijden, zoals blijkt uit de *Brief aan zijn vader*, waar Kafka het voorval in herinnering brengt (p. 12).

aanspraak maakt, want daarvoor zou ze eerst een vorm van maatschappelijke geldigheid moeten verwerven en daartoe ontbreekt haar de kracht; ze kan zich zelf nauwelijks staande houden. Dat deze onbekommerde, roekeloze waarachtigheid uiteindelijk een onderkomen vindt bij het theater, op de scène, in de literatuur, kan alleen verwondering wekken bij wie weigert te erkennen dat het ook hier om een realiteit gaat die aan de dwang van de meerwaarde ontsnapt en op haar laagst mogelijke rang terugvalt: het is de waarachtigheid van het onbruikbare.

3. *Nabootsing - nog eens*

Welke rang komt de nabootsing toe? Als we deze vraag niet willen laten voor wat ze is, kan het antwoord alleen luiden: geen enkele, tenzij een geleende. Zoals de aap Rotpeter beweegt de nabootsing zich aan de buitenkant van het maatschappelijk discours en gaat voor de rest een beetje te werk als de droom: zonder aanzien van rang of stand zet ze zich vast op die elementen die aan de door Freud beschreven "Rücksicht auf Darstellbarkeit" tegemoet komen. Dikwijls genoeg zijn het willekeurige details die dan onverwacht de blik naar zich toehalen, wat aan het gepostuleerde origineel zijn authenticiteit ontneemt. Beroofd van zijn innerlijk en overgeleverd aan de onvoorspelbaarheid van een arbitraire selectie, verliest het zijn 'aura'[10]; of liever, de aura verschraalt tot een

[10] Voor Walter Benjamin bestaat de aura van een kunstwerk in zijn uniciteit en zijn ingebed-zijn in historische traditie. Door de toegenomen mogelijkheden van technische reproduktie geraakt deze aura in verval. Zie: W.B., Das Kunstwerk im Zeitalter seiner technischen Reproduzierbarkeit, in: *Gesammelte Schriften* I, 2, Frankfurt 1974.

wand zonder diepte, een doek, een decor. De nabootsing sorteert aldus een onverwacht effect, dat we misschien niet meteen als zodanig ervaren, maar dat daarom niet minder ingrijpend is: ze zet de notie van diepte zelf op de helling.

Waartoe deze uitweiding? Ze voert ons terug tot de problematiek van de 'Darstellung' zoals Kafka die met betrekking tot zijn innerlijk droomleven formuleerde. Niet enkel het droomkarakter daarvan roept vragen op, ook het statuut van dit innerlijk leven is aan herziening toe. Dat Kafka ook van de verschuivingen op dit domein de signalen opvangt, blijkt o.m. uit de veel geciteerde maar zelden behoorlijk opgehelderde dagboekpassage over de "Tiefe des Papiers".[11] Wanneer Kafka bij zichzelf de behoefte noteert zijn "hele benauwde toestand" uit zich weg te schrijven en wel door hem, zoals hij uit de diepte van zijn innerlijk komt, aan de diepte van het papier toe te vertrouwen, "in die Tiefe des Papiers hinein", dan trekt hij nochtans vrij secuur de scheidingslijn tussen zijn elders uitgesproken voornemen een autobiografie aan te vatten - wat hem niet zal lukken - en het 'schrijven' zonder meer - zijn schrijven.[12] Want wat is die diepte van het papier anders dan een ironische

[11] Aantekening van 8 dec.1911. *Dagboeken 1910-1913*, p. 129.

[12] 'Schrijven', 'literatuur' worden door Kafka als absolute termen gebruikt en zijn niet verder definieerbaar. Ze komen overeen met het gebruik bij Maurice Blanchot van de term 'écriture', die zonder enige twijfel op diens aandachtige lectuur van Kafka teruggaat. Zie: M. B., *L'entretien infini*, Paris 1969. - Kafka's afsluitende opmerking "Dat is geen artistiek verlangen" is met deze absolute opvatting van het schrijven niet in tegenspraak; het artistieke is voor hem geen criterium meer. Van dit standpunt uit gezien bestaat er ook geen breuk tussen de dagboeken, zelfs de brieven, en het verhalend proza.

metafoor die in de context waarin ze gevat werd, elke idee van innerlijkheid tenietdoet? De overgang van de diepte van het eigen innerlijk - het autobiografisch alternatief, dat weldra voorgoed onmogelijk wordt - naar die van het papier staat gelijk met de instelling van een barrière. M.a.w. het witte blad is geen fond meer, het wordt een coulisse, zijn diepte de ontoegankelijke scène die de woorden uitdaagt en naar buiten drijft.

In het licht van deze veranderingen krijgen ook de talrijke portretstudies die de dagboeken rijk zijn, een ander uitzicht. Kafka's voorliefde voor de uiterlijke verschijning van de joodse acteurs, voor de karakteristieken van hun vertolking meer dan voor de inhoud van de gespeelde stukken, is dan wellicht geen toeval. Bij de verslagen van de talrijke causerieën die Kafka in die jaren bijwoonde, is het niet anders. Die portretten zijn stuk voor stuk oefeningen in een tweedimensionele beschrijvingstechniek die zich aan geen diepte meer gelegen laat. Zo wordt de kop van de Franse literator en conférencier Jean Richepin als volgt in beeld gezet:

> "Zoals bij alle oudere zuiderlingen, die een dikke neus en het daarbij behorende brede, gegroefde gezicht hebben, waarbij uit de neusgaten een sterke wind kan blazen als uit een paardeneus, en tegenover wie men zeker weet dat dit de uiteindelijke toestand van hun gezicht is, dat niet meer is op te knappen, maar nog lang stand zal houden, herinnerde mij zijn gezicht ook aan het gezicht van een oude Italiaanse vrouw, verscholen achter een trouwens zeer natuurlijk gegroeide baard."[13]

[13] *Dagboeken 1910-1913*, p. 109-110. De titel van Richepins causerie luidde: "La légende de Napoléon". Anekdotes en gedichten wisselden elkaar af.

Wat in deze momentopname achterwege blijft, is de theatrale sfeer waarin het hele optreden van Richepin baadt en die Kafka's aandacht gaande houdt. Het onderwerp gaf daar wellicht aanleiding toe; in een vaag visioen ziet hij zelfs Napoleon in eigen persoon in de zaal verschijnen, terwijl tegelijk het lachwekkende van zo'n entree hem allerminst ontgaat, evenmin als van die van Richepin zelf trouwens.

Met lichte verbazing noteert Kafka t.a.v. dit voorval: "Ik constateerde bij mezelf dat ik in toenemende mate aangegrepen word door mensen op het podium." Het klinkt bijna als een motto. Nog is hij hier, ondanks de subtiele mengeling van fascinatie en nuchterheid die deze résumés kenmerkt, de buitenstaander die ziet en beschrijft. Maar niet voor lang meer, want intussen doet hij een ontdekking die hem bij wijze van spreken zelf naar het podium haalt, maar dan wel een dat voor hem alleen opgetrokken werd. Het betreft hier twee dagboeknotities die op het eerste gezicht een louter anekdotisch belang hebben, maar daarom niet minder intrigerend zijn. Ze gaan over de nabootsing, meer bepaald over wat Kafka onbeschroomd zijn "nabootsingstalent" noemt. Hij omschrijft dit talent als het vermogen om zich in anderen te transformeren en gebruikt daarbij tot tweemaal toe de geladen term "Verwandlung", gedaanteverwisseling. Ook is er zoiets als geheime verstandhouding in het spel, want niemand heeft het door:

> "Szafranski, leerling van Bernhard, trekt onder het tekenen en observeren gezichten, die in verband staan met het getekende. Herinnert mij eraan dat ikzelf ook een groot talent heb om anderen na te doen, dat niemand opmerkt. Hoe dikwijls moest ik Max nadoen. Gisterenavond op weg naar huis had ik mij als toeschouwer voor Tucholsky kunnen

> houden. [...] Bij deze gedaanteverwisselingen zou ik graag in een dof worden van mijn eigen ogen geloven."[14]

Deze tekst roept meer vragen op dan hij er beantwoordt. Het lijkt moeilijk uit te maken of het hier om echte dan wel om gefantaseerde nabootsing gaat, om een vorm van inwendig goochelen waarbij Kafka het klaarspeelt zijn eigen toeschouwer te zijn. Dat is misschien ook niet zo belangrijk. De sleutel moet wellicht bij de ons verder onbekende Szafranski worden gezocht: de grimassen die deze bij het tekenen maakt, functioneren als een soort voorbereidende oefening waarbij het getekende rudimentair in scène gezet wordt. Ze bootsen na wat er nog niet is en simuleren op die manier de metamorfose, waaruit het werk dan paraat te voorschijn komt. Er moet in die werkwijze een esthetisch principe aan het werk geweest zijn dat Kafka bezighield. Meer kan daarover niet gezegd worden; hoe de metamorfose totstandkomt, blijft onduidelijk. Ze is a.h.w. leeg en kan door de nabootsing slechts 'betekend' worden. Misschien houdt Kafka's wens in een troebel worden van de eigen blik te geloven daarmee verband.

We zouden deze op zijn zachtst gezegd vreemde notitie als een grillige fantasie kunnen afdoen, ware het niet dat Kafka twee maanden nadien, op 30 december 1911, op zijn als iets bijzonders ervaren aanleg

[14] *Dagboeken 1910-1913*, p. 52. Portretstudies als deze kunnen als volwaardige tegenhangers in proza beschouwd worden van Rilkes *Neue Gedichte*; in beide gevallen is de opzet dezelfde: het rigoureus bewerken van een oppervlak. De overgang van de diepte van het eigen innerlijk naar die van het papier is overigens even radicaal als b.v. de overstap van Picasso naar het kubisme.

terugkomt. Hij spreekt nu als over een vertrouwde zaak kortweg van "Mein Nachahmungstrieb":

> "Mijn drang tot imiteren heeft niets acteurachtigs, wat er vooral aan ontbreekt is de uniformiteit. Het grove, frappant karakteristieke in zijn totale omvang kan ik helemaal niet nadoen, dergelijke pogingen zijn altijd mislukt. Zij zijn tegen mijn natuur. Voor het imiteren van details daarvan heb ik daarentegen een bijzondere neiging, zij dwingt mij het manipuleren met wandelstokken van bepaalde mensen, de houding van hun handen, de beweging van hun vingers na te doen en ik kan dit zonder moeite. Maar juist dat gemak, die dorst naar imiteren, verwijdert mij van de acteur, omdat dit gemak zijn terugwerkende kracht heeft in het feit, dat niemand merkt dat ik imiteer. Alleen mijn eigen voldane of vaker onwillige appreciatie toont mij het succes. Maar ver boven deze uiterlijke imitatie reikt de innerlijke, die vaak zo treffend en sterk is dat er in mijn innerlijk in het geheel geen plaats blijft deze imitatie te observeren en te constateren, maar dat ik haar pas in mijn herinnering terugvind. Maar hier is ook de imitatie zo volmaakt en vervangt zo op slag mijzelf, dat zij op het toneel, aangenomen dat ze überhaupt zichtbaar gemaakt zou kunnen worden, onverdraaglijk zou zijn. Meer dan tot het uiterste opgedreven spel kan men de toeschouwer niet aandoen."[15]

Nadrukkelijker nog dan in de vorige aantekening stelt Kafka hier vast dat niemand naar zijn solonummers omkijkt. Dat hoeft ook niet te verwonderen, want al dat gemanipuleer met wandelstokken of dat nadoen van vingerspel is geen acteren; het mist continuïteit, zegt hij zelf. Niet het frappant karakteristieke houdt hem bezig, maar het onopvallende, fragmenten

[15] *Dagboeken 1910-1923*, p. 152.

van het karakteristieke, minieme gebaren en houdingen: zij vormen a.h.w. de cel waarop de parasiet van de nabootsing zich vastzet. Toch rijst de vraag of Kafka deze term niet ongewild of zelfs noodgedwongen abusievelijk gebruikt. Wat moeten we ons inderdaad onder een innerlijke nabootsing voorstellen waarbij vergeleken de uiterlijke, nochtans door niemand opgemerkte imitatie verbleekt en waarvan het gezicht op het toneel niet te verdragen zou zijn? Ze zou het ding zelf zijn en dus niet alleen niet te verdragen, maar ook onvoorstelbaar. Daarom ook vindt Kafka haar enkel terug in zijn herinnering, als een averechtse fata morgana. Het spel markeert de grens die niet kan overschreden worden, zoals Kafka gepast opmerkt; de overschrijding kan hooguit gesimuleerd worden.

Toch heeft dit spel weinig gemeen met de vertolking door een acteur en zijn plaats is niet het toneel, maar de eenzaamheid van de schrijftafel. Wat de schrijvende hand daar wacht, is andermaal slechts de volmaaktheid van het witte blad. Behelpen moet ze zich met de wandelstokken: zij zijn de prothesen die de pen een schamel houvast geven, de stomme figuranten die de gedaanteverwisseling vergezellen.

4. *Theater als toevlucht*

De aantekeningen over de “Nachahmungstrieb” tonen op overtuigende wijze aan in welke mate Kafka’s schrijfarbeid van het principe van een parasitaire mimesis doordrongen is. Het volstaat een blik te werpen op zijn verhalend proza om vast te stellen hoe deze ‘nabootsingsdrift’ werkt. Kafka’s personages bestaan in zekere zin niet, zelfs niet eens op papier.

Wat wij zien zijn lichamelijke reacties of nerveuze irritaties, fluctuerende bewustzijnsmomenten aan de buitenkant van wat wij de psyche plegen te noemen. En dit alles in een schikking die overduidelijk doet denken aan een mise-en-scène, waarin de rol de plaats van het gepostuleerde subject inneemt, het personage om zo te zeggen zijn eigen acteur of nabootser is.

Het bevoorrechte domein van de nabootsing is zonder enige twijfel het gebaar. Volgens Walter Benjamin zou het werk van Kafka uit niets anders bestaan dan uit een codex van gebaren die de auteur in wisselende verhoudingen en situaties telkens opnieuw uitprobeert en op hun zindragend gehalte beproeft. Als de aangewezen plek nu voor zulke proefoperaties ziet Benjamin het theater: "Elke geste is een gebeurtenis, je zou zelfs kunnen zeggen, een drama op zich. Het toneel waarop dit drama zich afspeelt is het wereldtheater, waarvan de hemel de achterwand vormt."[16]

Deze verwijzing naar de aloude topos van het *theatrum mundi* mag er vrij onschuldig uitzien; toch zijn de consequenties daarvan verdragend. Ze betekent zeker niet dat Kafka's verhalen een soort verkapte toneelteksten zouden zijn, wat zou neerkomen op een grondige miskenning van hun episch

[16] W.B., Franz Kafka. Bij zijn tiende sterfdag, in: *Proces-verbaal van Franz Kafka*, p. 33. Het betreft hier Benjamins bekende opstel uit 1934, waarbij talrijke notities en aanvullingen zijn overgeleverd. Zie: W. B., *Gesammelte Schriften* II, 2 & 3, Frankfurt 1977. Het hele dossier werd afzonderlijk gebundeld in: *Benjamin über Kafka. Texte, Briefzeugnisse, Aufzeichnungen*, hrsg. v. Hermann Schweppenhäuser, Frankfurt 1981 (Suhrkamp Taschenbuch).

gehalte.[17] Theatraliteit kan bij Kafka enkel in relatie tot, niet buiten maar binnen de epische structuur van zijn proza gesitueerd worden. De afstandelijkheid van een schijnbaar neutrale vertelinstantie verhindert weliswaar dat die theatraliteit als zodanig herkenbaar is, haar subversief potentieel wordt er niet geringer door, integendeel. M.a.w. Kafka's epiek kan als de resultante worden beschouwd van twee aan elkaar tegengestelde krachten; het is de weerstand tegen de ondergronds woekerende theatraliteit die haar gestalte bepaalt. Ook hier lijkt een zekere analogie met de door Freud beschreven droommechanismen voor de hand te liggen: zoals elke droom in de versie die de ontwakende daarvan brengt, een verhaal is, zo is bij Kafka elk verhaal een onderdrukte scène. Niettemin zijn zijn personages alle van die scène afkomstig, ook al zullen ze het geheim van die herkomst nooit prijsgeven; ze hebben er zelf geen weet van.

Er is strikt genomen in het werk van Kafka maar één passage te vinden waar het motief van het theater uitdrukkelijk aan de oppervlakte treedt: in de epiloog van de roman *Amerika,* waar de jonge Karl Roßmann zich bij het (door Max Brod zo betitelde) *Openluchttheater van Oklahoma* aanmeldt en er onder de naam Negro als hulpje wordt aangenomen. Het is van belang even aan de onstaansgeschiedenis van deze tekst te herinneren. De eerste zeven kapittels, die een zorgvuldig opgebouwde handeling te zien geven en aldus de hoofdbrok van de roman uitmaken, werden

[17] Vgl. Adorno in een brief aan Benjamin (17. 12. 1934): "daß Kafkas Kunstform [...] zur theatralischen in der äußersten Antithese steht und Roman ist. [...] Kafkas Romane sind nicht Regiebücher fürs Experimentiertheater", *Benjamin über Kafka,* p. 105-6.

geschreven in het najaar 1912; daarna liet Kafka het manuscript onafgewerkt liggen. Twee jaar nadien nam hij het onverwachts weer op en toen ontstond het fragment waarvan hier sprake. De afstand in de tijd en de ongewone omstandigheden - Kafka onderbrak er zijn arbeid aan *Het proces* voor - verklaren wellicht mee het verschil in conceptie en stijl van dit kapittel. Waar het hoofddeel in een Dickensiaanse, quasi-realistische verteltrant de lotgevallen van een jonge Duitse emigrant verhaalt, wordt die handeling hier op een ander vlak getransponeerd. Blijkbaar was het er Kafka om te doen de roman in één enkele omvattende beweging te beëindigen, wat hem - in zijn eigen ogen althans - wel niet gelukt is, maar toch is het resultaat, ook t.a.v. de structuur van het geheel, hoogst betekenisvol. Max Brod weet in elk geval uit gesprekken met Kafka te berichten dat het Oklahoma-kapittel als slothoofdstuk voorzien was. Ook heeft hij onthouden dat het op verzoenende toon moest eindigen en wel zo dat de jonge held "in dit 'haast onmetelijk grote' theater beroep, vrijheid, houvast, ja zelfs zijn thuis en zijn ouders als door paradijselijke toverij zou terugvinden"[18], alles dus wat hij tijdens zijn onfortuinlijke zwerftocht door de Amerikaanse maatschappij was kwijtgespeeld.

"... wie durch paradiesischen Zauber": een rijkelijk dubbelzinnige uitspraak die de sfeer waarin deze tekst baadt trefzeker weergeeft, maar de lectuur geen enkel houvast biedt; zo te zien is de goochelaar nooit ver weg. Men kan, zo men wil, de episode als een parodie lezen op het hardvochtige Amerika dat in het hoofd-

[18] Nawoord bij de eerste editie van de roman: F. K., *Verzameld werk*, p. 1066.

deel van de roman wordt geschetst. De uitsluitingsmechanismen die het sociaal apparaat beheersen, blijken nu plots andersom te werken. Een gewezen leerling van een Europese middelbare school te zijn is wel het verachtelijkste wat men zich daar kan indenken, maar toch vindt Karl zonder moeite werk bij "het grootste theater van de wereld"(635). Bovenop deze omkering van de handeling komt een pastiche van bijbelse motieven: de sollicitanten worden verwelkomd door als engelen verklede figuranten die trompetgeschal laten horen, de namen van de aangeworvenen worden in grote boeken geschreven, er wordt voor hen een feestmaal aangericht vooraleer ze de lange reis naar Oklahoma aanvatten enz.

Niets van dat alles is echt: het feit alleen dat de aanwerving plaatsheeft in een renbaan, in de uitvergrote stijl van een reusachtige, aan het belachelijke grenzende reclamecampagne, volstaat om door te hebben dat wat hier gebeurt, tot het onwaarschijnlijke moet gerekend worden. Toch is de aanstelling in Oklahoma reëel, zo reëel als het onverbiddelijk maatschappelijk verdict in het eerste deel van de roman. Dit is geen contradictie: alleen wat reëel is, kan als onwaarschijnlijk overkomen. Maar de dik opgelegde schijn verwekt wel een eigenaardig effect: hij bewaart zijn karakter van schijn, maar bederft tegelijk a.h.w. onze kijk op de realiteit waar hij hoe dan ook naar verwijst.

Vanuit dit standpunt gezien worden uitspraken over de vraag wat echt is of niet, wel erg problematisch. Omtrent de engelen op het podium merkt Walter Benjamin op: "Hadden deze engelen niet die aangebonden vleugels gehad, dan waren het misschien wel echte geweest." In een latere aantekening voegt hij daar aan toe dat Kafka met deze kunstgreep zo'n ontsporing nog net heeft weten te voorkomen.[19] Die opmerking is zeker terecht; maar geldt ook niet het omgekeerde: in de aangebonden vleugels ligt voor deze engelen de enige kans om ooit echt te zijn? Daarmee stoten we andermaal op de nabootsing. Zij is het surplus dat aan het rekwisiet zijn waardigheid verleent, zij bekrachtigt het gebaar waaraan de ontheemden in Oklahoma elkaar herkennen. Karl schijnt dit intuïtief begrepen te hebben, als hij op het aanmeldingsbureau zijn werkelijke identiteit verzwijgt; hij bindt zich liever de naam Negro om, dat vreemde embleem dat hem uit zijn vorige posten is bijgebleven.[20]

Theatrum mundi : voor Walter Benjamin heeft Kafka die plattegrond uitgetekend in het natuurtheater van Oklahoma, waar vroeg of laat ieder van ons terechtkan, een laatste toevluchtsoord, misschien

[19] *Proces-verbaal van Franz Kafka*, p. 37. "Hätten sie nicht die umgebundenen Flügel, so wären diese Engel vielleicht echte. Man möchte sagen: es ist Kafka eben, mit diesem Kunstgriff, noch geglückt, das zu verhüten." - Vgl. de commentaar van Adorno in een brief aan B.: " Die umgebundenen Flügel der Engel sind kein Manko sondern ihr 'Zug' - sie, der obsolete Schein, sind die Hoffnung selber und keine andere gibt es als diese", *Benjamin über Kafka*, p. 23 & 173-4.

[20] Uit het manuscript blijkt dat Kafka eerst de naam Leo bedacht; nog tijdens het schrijven van de betrokken passage veranderde hij hem in Negro. Zie: *Der Verschollene* ("Amerika"), ed. Jost Schillemeit (Kritische Ausgabe), Frankfurt 1983, Apparatband p. 85. - Volgend detail toont aan hoe betekenisvol die wijziging misschien wel was: Kafka schrijft Oklahoma nl. als Oklahama; vrijwel zeker nam hij die schrijfwijze over uit het boek van Arthur Holitscher, *Amerika heute und morgen. Reiseerlebnisse*, 3. Aufl., Berlin 1912. Daarin staat een afbeelding waarop een jonge neger gelyncht wordt. Het onderschrift luidt: 'Idyll in Oklahama'. Naar: Wolfgang Jahn, *Kafkas Roman "Der Verschollene" (»Amerika«)*, Stuttgart 1965, p. 100-101.

zelfs de verlossing. Dan verrast het niet meer dat we op dit podium ook de aap Rotpeter terugvinden en wel als de belichaming van het principe dat dit theater regeert: "En de wet van dit theater zit in een zin in *Een verslag voor een academie* verstopt: '...ik aapte na omdat ik een uitweg zocht, om geen enkele andere reden'."[21] Wanneer we deze interpretatie ernstig nemen, dan staan we hier voor een schier onhoudbare paradox: verlossing is alleen te vinden in het theater van Oklahoma, of in het variété; zij zijn de allerlaatste oorden van toevlucht. Kafka's eschatologie staat in het teken van de nabootsing. De apotheose van de geschiedenis vindt plaats op het toneel.

De wijsheid van deze paradox bestaat erin dat hij de dichotomie van schijn en wezen al was het maar een ogenblik lang achter zich laat. Het gaat niet meer om een keuze tussen twee werelden, maar om inzicht, te weten het besef omtrent de transcendentale structuur van de werkelijkheid. Of dit inzicht metterdaad ook aan Kafka's helden toevalt, moeten we hier in het midden laten. En wat de auteur zelf betreft, die zou ons beslist hebben doorverwezen naar zijn teksten, b.v. naar het natuurtheater van Oklahoma... Ook de lezer wacht daar het gepaste onthaal.

[21] *Proces-verbaal van Franz Kafka*, p. 36.

HOOFDSTUK IV:

BEDENKELIJKE BESCHOUWINGEN BIJ EEN PROCES[1]

"Ich habe immerfort eine Anrufung im Ohr: 'Kämest du, unsichtbares Gericht!'"
Dagboek, 20 december 1910

1. *Rituelen*

Bij het begin van het laatste hoofdstuk van *Het proces* kan de lezer meemaken hoe op de vooravond van zijn eenendertigste verjaardag twee in het zwart geklede heren in K.'s woning komen om hem op te halen. Groteske plichtplegingen om de voorrang,

[1] Deze tekst verscheen oorspronkelijk in het Lacan-nummer van: *Psychoanalyse. Tijdschrift van de Belgische School voor psychoanalyse*, nr 5 (1988) (Lacan 2). Hij werd daar voorafgegaan door volgende "Waarschuwing": Is er een weg die van de psychoanalyse naar de literatuur voert, of andersom? Het staat nog altijd vrij het tegendeel te denken. In dit laatste geval komt de aanwezigheid hier van een essay over *Het proces* van Kafka misschien neer op iets als provocatie. Een uitdaging blijft het alleszins, vooral wanneer we bedenken hoe wantrouwig Kafka zelf tegenover de psychoanalyse stond, wantrouwen dat hij overigens deelt met andere schrijvers van Oostenrijkse komaf: Rilke, Karl Kraus, Musil, Canetti, Wittgenstein. Freud had nu eenmaal zijn rivalen, ook buiten de eigen vakkring. Maar goed, laten we aannemen dat sinds Lacan de relatie literatuur/psychoanalyse anders kan gedacht worden: overschrijdt ze de grenzen van het met onbetwistbaar meesterschap uitgekozen citaat, of blijft het bij dit soort code van de eervolle vermelding? Nu, citeren betekent ook dagvaarden. Complicatie genoeg dus; literatuur en psychoanalyse zijn twee partijen, het gaat om een geding. Een geding zonder rechter en zonder kans op hoger beroep. Het is ongetwijfeld de verdienste van Lacan geweest naast andere incidenten rond de

eerst bij de voordeur, dan nog eens bij K.'s eigen deur. In zijn kamer zit K., zelf ook in het zwart gekleed, niet ver van de deur en trekt langzaam nieuwe, strak om zijn vingers spannende handschoenen aan, "in de houding van iemand die gasten verwacht."(159) Hij staat dadelijk op en kijkt het tweetal nieuwsgierig aan. Kennelijk heeft hij zich dit bezoek anders voorgesteld en zoals altijd tracht hij door een vooraf uitgesproken oordeel de dingen die op hem afkomen te ontkrachten.

> "'Oude tweederangs acteurs sturen ze voor mij,' zei K. bij zichzelf en keek om, ten einde zich er nog eens van te overtuigen. 'Ze proberen zich op goedkope wijze van me af te maken.' K. keerde zich plotseling naar ze toe en vroeg: 'In welke schouwburg speelt u?' 'Schouwburg?' vroeg de ene heer met nerveus trekkende mondhoeken de ander om raad. De ander gedroeg zich als een stomme die worstelt met het weerbarstigste organisme. 'Ze zijn er niet op voorbereid dat men ze vragen stelt,' zei K. bij zichzelf en ging zijn hoed halen."(159)

signifiant ook de kwestie van de letter en van het subject in nieuwe termen te hebben gesteld. Dat hij op die manier, zonder het direct te beogen, het wezen van de literatuur heeft geopenbaard, is een vaststelling die ik mij wil eigen maken; ze heeft betrekking op de onherleidbaarheid van de literaire tekst. Denkt men daar verder op door, dan wordt het snel duidelijk dat die revelatie tegelijk een akte van uitdrijving betekent. De ingreep van Lacan heeft van de literatuur het 'buiten' van de psychoanalyse gemaakt, dat haar 'binnen' op losse schroeven zet en natuurlijk ook die distinctie zelf, met alle gevolgen van dien en voor beide partijen. In haar beslissende momenten althans werpt literatuur zich op als de niet analyseerbare rest waarin de letter zich verschanst en die het systeem uitdaagt. Het werk van Kafka toont zulke momenten; niet toevallig handelt één van zijn grote teksten over een proces. En het statuut van de literaire kritiek? Ook dat zal aan herziening toe zijn. Wil men in de criticus een analyticus zien, dan alleszins als leek. Zijn plaats is niet binnen of niet buiten, hij tenminste staat nergens.

K.'s reactie is tegelijk scherpzinnig en onvoorzichtig. Hij onderkent de taktiek van de tegenstander, die erin bestaat representanten af te vaardigen die niet van zijn niveau zijn en die hem bijgevolg ook niet te woord kunnen staan. Fanaticus van de ondubbelzinnige uitspraak die hij is, grijpt hij dan ook naar het voor de hand liggende middel om dit verschil in zijn voordeel uit te buiten: hij sluit de heren op in een definitie, legt hun identiteit vast en zoekt op die wijze het gesprek te beheersen. Maar het hen toegewezen predikaat 'acteur' geeft zijn dubbelzinnigheid niet zomaar prijs. Het behoudt een kern van ambiguïteit die niets anders is dan de metafoor van de theatraliteit zelf.

Nu is het eigen aan de metafoor dat het subject zich in het uitgesprokene ook engageert en aldus de referentiële afstand die in het predikaat optimaal gerealiseerd wordt, weer onzeker maakt.[2] Dit is precies wat hier gebeurt. Door het oproepen van de theatermetafoor zet K. ongewild de modus uit waarbinnen de handeling verder zal verlopen. Hij moet dit doen, wil zijn verweer zijn doel niet missen. Door zijn vraag aan de heren aan welke schouwburg ze spelen brengt hij echter een dynamiek op gang waaraan hij weldra zelf niet meer zal ontsnappen. Het mag ons niet verwonderen dat op die vraag geen antwoord komt: het zou de metafoor weer tenietdoen. De heren zijn ook geen acteurs in de zin die K. bedoelt; wat ze wel zijn blijft intussen evenzeer in het duister. In elk geval

[2] M.a.w. er ontstaat een spanning die analoog is aan de relatie tussen dialoogpartners. Julia Kristeva spreekt van een "économie amoureuse du sujet d'énonciation qui manifeste en métaphores l'acte complexe de l'identification [...]" J. K., *Histoires d'amour*, Paris 1983, p. 252.

snijdt hun onvermogen of hun weigering te antwoorden K. voorgoed de pas af. Door hun zwijgen brengen ze de subtiele accentverschuiving aan het licht die K.'s fatale vraag ondergraaft: 'aan welk theater speelt ù?' De verborgen implicatie wijst naar hem: zittend in zijn stoel bij de deur in zwarte jas en handschoenen is hij zonder het te weten de ware hoofdacteur van deze chaplineske sequentie.

Het proces een tragi-komedie? Het slot van het boek lijkt dit te suggereren: K.'s dood verwordt er tot een maskerade. Vraag is op welke scène dat gebeurt en wie de regie voert. We komen daar zo dadelijk op terug; voorlopig weegt het stellen van die vraag alleszins zwaar genoeg om de averechtse start van deze analyse te verantwoorden. Die bovendien het voordeel biedt dat we van hieruit de structuur van de roman goed kunnen overzien. Dan springt vooral de overeenkomst tussen het laatste kapittel en het eerste in het oog: beide vallen ze op door hun vrijwel ongemotiveerd, abrupt begin. Aanhouding en terechtstelling zijn daarenboven de enige strikt irreversibele en gedateerde feiten in een traag wentelende, diffuse en vaak defecte chronologie. Wat daartussen ligt, blijkt bij nader toezien niet meer te zijn dan een reeks fragmentarische episodes in een niet altijd relevante volgorde.

Maar daarmee is niet alles gezegd. De lectuur van het slotkapittel geeft het gevoel dat hier een afspraak wordt nagekomen die al van bij het begin gemaakt werd. Misschien wordt die indruk gewekt of versterkt door enkele op het eerste gezicht onbelangrijke reminiscenties die aan beide episodes een bevreemdend ritueel karakter verlenen. Aanhouding en executie vinden inderdaad niet op een willekeurige dag plaats, het zijn verjaardagsceremonies. Er is het obligate zwarte pak. Verder lijken de twee heren die K. ophalen wel dubbelgangers van de twee bewakers die hem op de morgen van de aanhouding van zijn bed halen. En dan is er juffrouw Bürstner, een jonge typiste die in hetzelfde pension woont en van wie de kamer op die bewuste morgen door de opziener is opgeëist om er aan K. de aanhouding te betekenen.

Niemand zal op grond van deze feiten verwachten dat zij ook betrokken zou geraken bij K.'s terechtstelling. En toch. Bij het ter dood brengen legt één van de heren zijn hand op K. z'n strot. Dit gebaar nu herinnert op verrassende wijze aan het eerste kapittel. Aan het eind van het gesprek dat K. nog op de avond van die eerste dag met juffrouw Bürstner heeft, grijpt hij haar bij het verlaten van de kamer onverhoeds vast, "kuste haar op de mond en daarna over haar hele gezicht, zoals een dorstig dier met zijn tong over het eindelijk gevonden bronwater heenjaagt. Tenslotte kuste hij haar op de hals, waar de strot is, en daar liet hij zijn lippen lange tijd liggen."(32) "Wo die Gurgel ist" - het erotisch-sexueel signaal is duidelijk genoeg. Houden we nu rekening met het feit dat deze juffrouw Bürstner, zo we op de insinuaties van de hospita mogen voortgaan, een wat dubieuze omgang heeft met mannen, dat ze zich naar eigen zeggen sterk aangetrokken voelt tot rechtszaken en dat ze bovendien tijdens K.'s laatste tocht onverwachts uit een zijstraat te voorschijn komt en een tijdje voor hem uit loopt, dan kan de aandacht van het gerecht voor deze tegelijk intieme en levensgevaarlijke plek van het lichaam van de veroordeelde geen toeval zijn: K. heeft ze zelf aangewezen. Maar intussen is de hand die dat ritueel volvoert, allang niet meer de zijne.

Wanneer neemt dit proces een aanvang? Het antwoord kan radicaal zijn: met de eerste zin van de roman. Laten we dus nu op een ordentelijker manier dit begin wat nader beschrijven. Want die eerste zin - "Iemand moest Josef K. belasterd hebben, want zonder dat hij iets kwaads had gedaan, werd hij op een morgen gearresteerd" - is niets anders dan de echo van een stem waarop het boek dan geen repliek geeft: die van de hypothetische belager die nooit opdaagt. Er is alleen de resonantie in K.'s geest, die naar een verklaring zoekt voor het ongehoorde feit dat zijn bestaan verstoort. Misschien is het zijn eigen stem. Maar voor de duur van het verhoor leent ze hem dan een bedrieglijk alibi om datgene wat hem overkomt niet zozeer te begrijpen dan wel af te wijzen en buiten zijn bewustzijn te sluiten. Het vervolg maakt dit duidelijk. K.'s verweer bestaat er aanvankelijk in zich op de rechtsstaat te beroepen en hij ontwikkelt daarbij een verrassend scherp redeneervermogen. De lezer kan hem hier een eind volgen: schuld moet bewezen worden. Maar niet voor lang, want het gerecht blijkt zich niet te interesseren voor het schuld-onschuld-alternatief. De premissen liggen immers vast: "'Onze overheid, voor zover ik die ken, en ik ken slechts de laagste rangen, zoekt immers niet de schuld in de bevolking, maar wordt, zoals er in de wet staat, door de schuld aangetrokken en moet ons, de bewakers, erop uitsturen. Dat is de wet. Hoe zou daarbij een vergissing mogelijk zijn?'"(16) Dat zeggen de bewakers. K. denkt er terecht het zijne van, maar hun aanwezigheid valt niet weg te cijferen. Wat later zal de opziener van zijn kant verklaren dat hij niet eens weet of K. wel aangeklaagd is. Blijft alleen de realiteit van iets wat misschien uit consideratie voor de beklaagde met de term arrestatie hoogst gebrekkig wordt aangeduid, maar tegelijk in zijn brute feitelijkheid des te sterker bevestigd wordt.

Het ondenkbare is niet te verdragen. Waar het zich opdringt zoals hier, kan het niet anders dan in de gestalte van het onwezenlijke verschijnen. En inderdaad heeft de arrestatie veel weg van een schijnvertoning. Rekening houdend met zijn dertigste verjaardag acht K. de eventualiteit van een door collega's van de bank opgezette grove grap niet uitgesloten; de hele opmaak lijkt daartoe uit te nodigen. Hij neemt het risico dan maar op de koop toe: "als het een komedie was, dan zou hij meespelen."(15) In het gesprek met de opziener zwakt hij die hypothese wel terug af, maar zijn voorstel om het hele incident met een stevige handdruk af te sluiten wijst dan weer op het tegendeel. Wanneer bij het einde van het verhoor de opziener hem meedeelt dat hij nu naar de bank kan gaan, wordt er nog iets anders duidelijk:

> "'Naar de bank?' vroeg K. 'Ik dacht dat ik gearresteerd was', vroeg K. met iets van eigenzinnigheid, want al was zijn hand niet aanvaard, hij voelde zich, in het bijzonder sinds de opziener was opgestaan, steeds onafhankelijker van al deze lieden. Hij speelde met ze. Hij was van plan ze, als ze zouden weggaan, tot de huisdeur achterna te lopen en ze zijn arrestatie aan te bieden."(22)

Hier demonstreert K. nogal ondubbelzinnig wat hij als zijn 'rol' begrijpt: niets dan Josef K. te zijn, de bewustzijnsmens, de volmaakte Cartesiaan die krachtens zijn *cogito* de chaos meent te kunnen bedwingen. Het is dit verraderlijke gevoel van superioriteit dat hem blind maakt voor wat er in werkelijkheid gebeurt. Want zoals het gerecht zich niet in discussies omtrent K.'s onschuld begeeft, zo laat het zich niet gelegen aan wat er in zijn hoofd omgaat; het is met een heel andere operatie bezig.

We hebben het reeds gehad over de ceremonie waarbij de jarige K. gedwongen wordt een zwart pak aan te trekken en zo naar de kamer van juffrouw Bürstner wordt geleid om er in een parodie van een rechtszitting het schijnbare niets van zijn aanhouding te vernemen. Het gerecht hecht blijkbaar een zeker belang aan betekenisvolle gebaren; laten we het hierin volgen. Het zwarte pak leidt dan niet toevallig de aandacht af van K.'s ogenschijnlijk soeverein regerende geest. Het fungeert in wat zowaar een inkledingsritueel genoemd kan worden: K.'s lichaam wordt er opgemaakt voor een scène die hij weldra niet meer zal beheersen. Hoezeer die andere scène hem reeds in haar macht heeft, wordt ook K. onverwachts duidelijk, wanneer de drie jonge mannen die als stomme figuranten de hele vertoning in de kamer hebben bijgewoond, collega's uit de bank blijken te zijn: "Hoe had K. dat over het hoofd kunnen zien? Wat was hij dan sterk in beslag genomen geweest door de opziener en de bewakers, dat hij dit drietal niet had herkend!"(22) Aan zijn bewustzijn overgelaten, neemt K. zich voor voortaan beter op zichzelf te letten. Maar de eigenlijke betekenis van het gebeuren ontsnapt hem. Die bestaat erin dat de dingen hier naar de letter genomen worden. "Sie werden es zu fühlen bekommen", heeft de bewaker heel in het begin tot K. gezegd: je zult het aan den lijve ondervinden.

2. *Theoretisch tussenspel*

Elke tekst, zeker de literaire, is meer dan de toepassing van een code, meer ook dan een reeks proposities omtrent de realiteit. En zoals hij zijn eigen werkelijkheid schept, draagt hij ook een maat in zichzelf: de literaire tekst is tegelijk zijn eigen metatekst. Dit impliceert dat b.v. een roman een aantal apriori's bevat omtrent het vertellen zelf, zelfs al worden die niet uitdrukkelijk gethematiseerd. De analyse moet met deze apriori's rekening houden, wil ze niet in onvruchtbaar mimetisme vervallen. In het geval van Kafka geldt dit des te meer, daar deze auteur zich meer dan anderen met de grenzen van het vertellen geconfronteerd ziet.

De ontstaansgeschiedenis van *Het proces* kan dit illustreren. Zoals vele van Kafka's teksten is ook deze roman onafgewerkt gebleven. Uit de dagboeken en brieven weten we dat hij zich begin augustus 1914 aan het schrijven zet, enkele weken na de dramatische verbreking van zijn verloving met Felice Bauer. Het werk vordert snel tot halverwege januari 1915; dan blijft het steken. Vermoedelijk spelen hier uiterlijke omstandigheden mee: Kafka moest zich van toen af over de asbestfabriek van zijn schoonbroer gaan ontfermen, die onder de wapens was; voor schrijven bleef weinig tijd. Maar deze verklaring volstaat niet. Reeds tijdens de maanden daarvoor treden herhaaldelijk aarzelingen op die betrekking hebben op het concept van de roman, ja zelfs op het schrijven als zodanig. Treffend is in dit opzicht de dagboekaantekening van 30 november 1914: "Ik kan niet meer verder schrijven. Ik ben aan de laatste grens, waar ik misschien weer jarenlang voor zal zitten, om dan misschien weer een nieuw, weer onvoltooid blijvend verhaal te beginnen. Dit lot vervolgt mij."[3]

[3] *Dagboeken 1914-1923*, p. 74.

In de oorspronkelijke, door Max Brod verzorgde uitgaven zijn ook een zestal fragmenten opgenomen en het is de specialisten niet ontgaan dat deze onvoltooide kapittels zich bijna alle aan de rand van het proces bewegen. Ze tonen K. in situaties die er los van staan, waar hij zich alleszins relatief vrij voelt tegenover de druk van het gerecht. Een interessant voorbeeld levert hier het fragment *Staatsanwalt* ("Officier van justitie"). K. blijkt er goed bevriend te zijn met de advocaat-generaal bij het hof van justitie Hasterer en is een graag geziene gezel aan diens stamtafel. Hij gedraagt zich daar als een vrij man, het proces komt nooit ter sprake. In de hoofdhandeling daarentegen wordt Hasterer slechts tweemaal terloops vermeld; zo op de morgen van de aanhouding zelf, wanneer K. aan de opziener vraagt of hij de advocaat-generaal kan opbellen. De opziener stemt daarmee in, maar voegt er aan toe dat dit weinig zin heeft, tenzij om een privé-aangelegenheid te bespreken. K. wordt nukkig, raakt met zichzelf overhoop en wil uiteindelijk niet meer bellen. De kleine scène versterkt duidelijk de druk van het proces, terwijl het ontworpen maar niet voltooide fragment aan de wereld daarbuiten een opvallend tegenwicht verleent. Blijkbaar zijn deze twee sferen moeilijk verenigbaar, het gerecht slorpt gaandeweg de hele ruimte van de roman op en sluit al het andere uit.

Er zijn ook pogingen ondernomen wat meer orde te brengen in de door Max Brod niet altijd verantwoorde opeenvolging van de kapittels, de leemten op te sporen en de voornoemde fragmenten daarin een plaats te geven.[4] Zo gerechtvaardigd die pogingen

[4] De polemiek daarrond werd in de jaren vijftig aan het rollen gebracht door Herman Uyttersprot, die aan zijn bevindingen

vanuit filologisch standpunt ook mogen lijken, ze dreigen uiteindelijk de tekst te vervalsen door hem de schijnlogica van een gepostuleerde coherente structuur op te dringen. Het is zeker niet uit te sluiten dat Kafka zulk een breed, in een behoorlijke chronologie verankerd panorama oorspronkelijk op het oog had, in de beste epische traditie van het avondland. Maar precies het falen van die opzet zegt meer over de ware aard van *Het proces* dan welke volledigheid ook.

Waar het verhaal zijn rechten opeist, heeft de auteur weinig keuze. De consequentie waarmee Kafka deze ervaring tot de zijne maakt, wijst op een verschuiving in de rol van wat men in de romantheorie de 'verteller' noemt. Gewoonlijk neemt men aan dat de eenheid van een epische tekst verzekerd wordt door een vertelinstantie die het gebeuren in zijn geheel overziet en in de hand houdt, ook daar waar ondergeschikte vertellers het karwei opknappen of waar door allerlei ingrepen het gezichtsveld van de

tevens verregaande conclusies verbond m.b.t. de structuur van de roman, met het gevolg dat hermeneutische en tekstkritische aspecten op een eerder ongelukkige wijze met elkaar vermengd werden. Dit neemt niet weg dat Uyttersprot op detailpunten gelijk haalde tegenover Brod. Zie: Legende en werkelijkheid. Rimbaud en Kafka, in: *Praags cachet. Opstellen over Rainer Maria Rilke en Franz Kafka*, Antwerpen 1963, p. 216vv. - De kritische editie van *Het proces* zal aan de soms verhitte discussies over de authentieke tekst nu wel een einde stellen, maar zorgde intussen toch ook voor enkele verrassingen. Zo is komen vast te staan dat de volgorde waarin de kapittels geschreven werden, niet zonder meer overeenstemt met de ordening waarin ze volgens de chronologie van de handeling moeten geplaatst worden. Het meest opzienbarende feit is wel dat Kafka het kapittel *Einde*, dat de roman afsluit, onmiddellijk na het eerste (het relaas van de arrestatie) schreef; de twee teksten samen kwamen tot stand binnen het tijdsbestek van een paar dagen. Zie: F. K., *Der Proceß*, ed. Malcolm Pasley (Kritische Ausgabe), Frankfurt 1990, Apparatband, p. 111vv.

personages en bijgevolg ook dat van de lezer versmald wordt of in deelperspectieven uiteenvalt. De complexiteit van de vertelstructuur, haar meervoudige gelaagdheid wijzen er reeds op dat die eenheid van een andere orde is dan de categoriale orde van de bewuste waarneming. Uit het hierboven besproken voorbeeld van de onafgewerkte kapittels blijkt dat de vertelinstantie een dynamiek vertegenwoordigt die de auteur beheerst en leidt, maar zelf ongrijpbaar blijft. Ze is althans bij Kafka niet meer identificeerbaar in de zin van een bewust ordenend subject.[5] Eerder dan een subject is de vertelinstantie een neutrale stem - 'narratief discours' -, maar dan niet een stem die boven het verhaal uit reikt, alsof ook het niet vertelde haar bekend zou zijn en ze het alleen maar zou verzwijgen of achter de hand houden; ze bestaat zelf uitsluitend bij de gratie van het verhaal.

We kunnen dus aannemen dat ook de vertelinstantie onderworpen is aan het vertelbare: eerst dank zij deze zelfbeperking kan een verhaal zich manifesteren voor wat het is. Maar mogen wij daarom het niet vertelde terzijde schuiven? Het vormt een even onmisbaar bestanddeel van een tekst, in negatieve zin alvast doordat bepaalde uitweidingen uitgesloten worden op straffe van het verhaal in zijn eenheid aan te tasten. En in positieve zin? Misschien zo dat een verhaal niets anders is dan de verkenning van een randzone, een toemaat op wat niet kan of mag verteld worden. Een zekere analogie met de droom dringt zich hier nogmaals op. In een bekende

[5] Maurice Blanchot heeft hieromtrent inzichten geformuleerd die de inventariseringen van de romantheorie nog een stuk achter zich laten. Zie: M. B., La voix narrative (le 'il', le neutre), in: *L'entretien infini*, Paris 1969, p. 563vv.

passage van de *Traumdeutung* merkt Freud op dat elke droom minstens één donkere plek heeft, waar een niet te ontwarren "kluwen van droomgedachten" begint: "Dit is dan de navel van de droom, de plaats waar hij aan het onbekende vastzit."[6] Belangrijk lijkt de vaststelling dat ook hier het onachterhaalbare niet gewoon een essentie is of een zogenaamde diepere betekenis die alsnog moet of kan opgespoord worden. Het maakt wel degelijk deel uit van de droomtekst, maar zonder zich prijs te geven: het manifesteert zich in de vorm van een verwikkeling ("Knäuel") of van een vergroeiing ("Nabel").

Dit voert ons terug naar *Het proces.* Er is veel gediscussieerd over de vraag wat het gerecht betekent. De roman lijkt er wel op te zijn berekend het antwoord op die vraag onmogelijk te maken of althans voor onbepaalde tijd uit te stellen. Het gerecht is immers de blinde vlek, het is wel degelijk het niet vertelbare waar al het overige aan vastzit. Ook de verteller ontkomt niet aan deze paradox, evenmin als de lezer. Van de tekst uit bekeken mag de paradox dan al als narratieve strategie verschijnen: dat maakt weinig uit, want die strategie is zelf een effect van het niet vertelbare. Haar principe kan als verstoring worden begrepen van wat we hier gemakshalve de klassieke verteltraditie willen noemen, waarin Kafka

[6] *De droomduiding*, p. 608. "In den bestgedeuteten Träumen muß man oft eine Stelle im Dunkel lassen, weil man bei der Deutung merkt, daß dort ein Knäuel von Traumgedanken anhebt, der sich nicht entwirren will [...] Dies ist dann der Nabel des Traums, die Stelle, an der er dem Unerkannten aufsitzt." *Die Traumdeutung* (Studienausgabe), p. 502. - De uitdrukking 'einem aufsitzen' klinkt in het Duits erg dubbelzinnig: ze betekent naast 'opzitten', 'te paard stijgen' ook nog 'iemand lastig vallen' en 'zich laten beetnemen', 'het slachtoffer worden van'.

ongetwijfeld nog thuishoort, zij het ook als haar laatste vertegenwoordiger.

De verstoring heeft betrekking op twee aspecten: de informatie en de causaliteit. Een eerste vaststelling is dat het gerecht alleen negatief kan omschreven worden. Op de vraag van de oom of zijn zaak een strafproces betreft, antwoordt K. eerst bevestigend, maar voegt daar later aan toe dat het niet om een proces voor de gewone rechtbank gaat. Het gerecht is evenmin localiseerbaar; het huist bij voorkeur op zolders in verwaarloosde volksbuurten van de voorstad, ver weg van de plaatsen waar K. gewoonlijk komt. Hoe het er daar aan toe gaat, heeft hij reeds tijdens de eerste instructie en bij zijn bezoek aan de kanselarijen kunnen meemaken. Vandaar zijn spontane vraag aan de advocaat die hij in gezelschap van zijn oom opzoekt en die tot zijn verrassing volkomen op de hoogte blijkt te zijn van zijn proces: "'U bent toch werkzaam bij de rechtbank in het paleis van justitie en niet daar op de vliering,' had hij willen zeggen, maar hij kon het niet over zijn hart verkrijgen dat ook werkelijk te doen."(79) Het gerecht is tegelijk nergens en overal. De schilder Titorelli zal dat later op de hem eigen dubbelzinnige manier bevestigen door te zeggen: "'Alles hoort toch bij de rechtbank!'"(110)

De onvolledige, vaak tegenstrijdige informatie omtrent het gerecht schept een betekenisvacuüm waarin elk predikaat als in een maalstroom wordt meegezogen en zijn relevantie verliest. In plaats van zich te definiëren, affirmeert het gerecht zich veeleer. Dit nu wordt op subtiele wijze zichtbaar in de verstoring van de narratieve causaliteit: kleine, nauwelijks waarneembare ingrepen, die echter de verhaallogica op een beslissende wijze mee beïnvloeden. Het gaat om twee afspraken, de ene voor de eerste instructie, de andere voor de ontmoeting in de dom. Wanneer K. zich naar zijn eerste verhoor begeeft - het is overigens zondag, een bij uitstek vacante dag -, blijkt het huis dat men hem aan de telefoon genoemd heeft, een woonkazerne te zijn met verscheidene ingangen. Hij kiest er een willekeurige uit en motiveert dit met een speelse verwijzing naar de scheve logica van het gerecht: "Eindelijk ging hij toch de trap op en speelde in gedachten met een herinnering aan de uitspraak van bewaker Willem, dat de rechtbank werd aangetrokken door de schuld, waaruit eigenlijk volgde dat de instructiekamer moest liggen aan de trap die K. toevallig koos."(35) En inderdaad: gewapend met de naam van een niet bestaande schrijnwerker Lanz komt hij tenslotte terecht waar hij zijn moet.

Bij de ontmoeting met de gevangeniskapelaan in de dom gaat het niet anders. K. heeft daar in opdracht van de bank een afspraak met een kunstminnende Italiaan, maar die daagt niet op. In het eerste geval is de plaats van de afspraak K. onbekend en brengt een fictieve operatie hem bij zijn doel, in het tweede leidt een volgens alle regels afgesproken rendez-vous hem naar een andere persoon. Het verstoorde verband wordt niet opgehelderd, ook achteraf niet. Integendeel, het wordt snel vergeten en gaat op in een vreemde vanzelfsprekendheid die alleen de droom kent. In de plaats van het causale verband treedt een door K. zelf of door zijn omgeving gekozen wachtwoord: Lanz is de naam van de neef van mevrouw Grubach die in hetzelfde pension woont als K., de Italiaan staat voor de bank waar K. werkt. Maar die twee namen vormen slechts het door K. a.h.w. aangeboden materiaal, hun tekenwaarde krijgen ze van elders: ze wijzen naar een afspraak met het gerecht. De rest is enscenering, schijncausaliteit. Daarop lijkt ook de geestelijke te zinspelen, wanneer hij tegen K. zegt: "'Laat die bijzaken nu maar.'"(150)

Deze schijnbaar onschuldige verstoringen van de causaliteit werpen hun schaduw op een episode van *Het proces* die op het eerste gezicht volkomen coherent aandoet, maar bij nader toezien door een onoverkomelijke vreemdheid gekenmerkt wordt en die wij hier niet onvermeld kunnen laten. We bedoelen het kapittel *De ranselaar*. Het is in de roman als vijfde kapittel opgenomen, maar sluit nauw aan bij de gebeurtenissen op de morgen van de aanhouding en bij de eerste instructie de zondag daarop. In het ritueel dat zich in de rommelkamer van de bank afspeelt, zijn alle bijkomstigheden geschrapt, tijd en causaliteit zijn opgeheven, er is alleen de hallucinatorische aanwezigheid van iets dat pure verschrikking heet. Ook dit gebeuren gaat terug op een door K. uitgezonden signaal, toen hij zich bij de rechter van instructie beklaagde over het wangedrag van de twee bewakers op de morgen van zijn aanhouding. En ook hier wordt het signaal meteen omgebogen tot een quasi-afspraak, en de klacht vertaald in een bestraffing van het naakte lichaam.

Nergens wordt de onderliggende psychotische structuur van *Het proces* zo duidelijk zichtbaar als in het nagenoeg geheel op zichzelf staand ranselaar-kapittel: het organiseert een primitieve scène die alleen door K. wordt waargenomen en waarin hij zelf de hoofdrol speelt. Wat K. ziet, staat gelijk met de betekening van een vonnis en wijst in zijn epische geslotenheid vooruit naar het slotkapittel: de rommelkamer grenst aan de steengroeve. De ranselaar-episode dreigt aldus door een abrupte verkorting de roman voortijdig af te breken: de verstoring van de narratieve samenhang heeft hier haar uiterste grens bereikt. Terecht maakt K. de volgende dag aan het ondraaglijk gezicht een einde door de deur van de kamer dicht te slaan. Zijn gebaar redt ook het vervolg van de roman.

3. *Representanten en opdrachtgevers*

Uit het voorgaande kunnen we onthouden dat het er niet om kan gaan de identiteit van het gerecht te achterhalen, want het gerecht is precies datgene wat zich op die wijze nooit legitimeert. Het blijkt over weten en macht te beschikken, maar we kennen de spelregels niet volgens welke het deze modaliteiten uitoefent: het gerecht ontsnapt aan elke conventie. Wel situeert het zich in een herkenbaar paradigma, te weten dat van het gewone rechtsbestel. Dit onderliggend stramien levert een aantal aanknopingspunten op voor de uiterlijke handeling: aanklacht, aanhouding, verhoor, verweer, vonnis, schuldvraag, straf enz. Waar een paradigma normaal een instrument ter oriëntering verschaft, wordt hier het hele netwerk van rechtsbegrippen langzaam ontmanteld. Losgeweekt uit hun referentiële basis, verkeren de rechtsbegrippen in schijnbegrippen die enkel nog in K.'s geest vertrouwde echo's oproepen: het rechtsparadigma wordt tot een schijnparadigma. Het is niet meer dan het medium waarin het gerecht zichzelf representeert of presenteert, een hulpconstructie die K. wordt voorgespiegeld, onderdeel van de mise-en-scène waar het hoofdpersonage zal in evolueren.

Ook de procedure zelf wordt door dit schijnkarakter aangetast. Volgens de verklaringen van de advocaat is de gerechtelijke hiërarchie, zelfs voor ingewijden, moeilijk te overzien; bovendien krijgt de verdediging geen inzage van de stukken, evenmin als de aangeklaagde zelf, ook niet van de aanklacht. De advocaten moeten allerlei sluikwegen gebruiken om die dingen aan de weet te komen: persoonlijke relaties en steekpenningen. Natuurlijk wekken die uitlatingen, zoals ze in het begin van het zevende kapittel worden samengevat, de indruk een sluw pleidooi van de advocaat te zijn om zijn cliënt aan zich te binden. Ook K. meent dat door te hebben. Toch liggen er een aantal verontrustende signalen in verborgen die door geen enkele redenering kunnen worden opgeklaard. Zo b.v. de bijna terloops gemaakte opmerking dat het proces een wending kan nemen

> "waarin de advocaat het niet meer mag volgen. Het proces en de verdachte en alles wordt de advocaat gewoonweg onttrokken; dan kunnen ook de mooiste relaties met de ambtenaren niet meer baten, want ze weten zelf niets. Het proces is nu eenmaal in een stadium gekomen waar geen hulp meer mag worden verleend, waar het bewerkt wordt door ontoegankelijke rechtsinstanties, waar ook de verdachte voor de advocaat niet meer bereikbaar is."(91)

Ontoegankelijke gerechtshoven, waar de aangeklaagde geheel op zichzelf zal aangewezen zijn: daarmee wordt impliciet reeds naar de parabel verwezen die de geestelijke K. in het negende kapittel zal voorhouden. Het is de beslissende scène die niet kan uitgebeeld worden. Ze wordt aan het oog onttrokken door het gewemel van partijen en ambtenaren en begraven onder de bedenkelijke commentaren van tweedehandsadvocaten die in het schemerlicht opereren van wat in de roman "Vorverhandlungen" heet: eindeloze prolegomena waar de beklaagde in verloren loopt. In deze zone tussen aanhouding en vonnis is alles voorlopig, onecht, schijn. Schijn die zich zelfs bij gelegenheid onverholen als zodanig laat kennen. Zo zijn er de schilderijen in het kantoor van de advocaat en in het atelier van Titorelli; daarop staan rechters gekonterfeit, in toga en zittend op een soort troonzetel. Zowel Leni als de schilder maken K. snel duidelijk dat dit opmaak is, bedenksels waarmee onbeduidende kleine rechters hun ijdelheid botvieren. K. is trouwens de enige die daar vragen bij stelt; de anderen bewegen zich met het grootste gemak in dit theater van de schijn. Die anderen zijn allemaal randfiguren, of het nu om de vrouw van de deurwaarder, om Leni, de schilder, de advocaat of de gevangeniskapelaan gaat, en zij zeggen dit ook zelf. Maar toch ziet K. in hen vertegenwoordigers van het hoogste gerecht en hoopt hij met hun hulp tot die supreme instantie te kunnen doordringen. Zijn vergissing bestaat erin dat hij vanuit zijn eigen identiteitsbewustzijn een hoogste opdrachtgever postuleert die hij bovendien langs een evenzeer gepostuleerde hiërarchische weg zou kunnen bereiken. Maar het hoogste ontsnapt aan iedere definitie. Elke poging daartoe loopt onvermijdelijk uit op een tautologie: het gerecht is het gerecht, m.a.w. het valt samen met zijn naam.

Over namen is er in *Het proces* wel wat te doen. Bij de overhandiging van de aanbevelingsbrief voor Titorelli zegt de fabrikant dat die naam slechts een pseudoniem is en dat hij de werkelijke naam van de schilder niet eens kent. Bij zijn kennismaking met de koopman Block vraagt K. hem of dat zijn echte naam is: "'Jazeker,' luidde het antwoord, 'waarom twijfelt u daaraan?' 'Ik dacht dat u misschien een reden kon hebben om uw naam te verzwijgen,' zei K."(122) Met enige moeite kan voor elk van deze feiten een sluitende verklaring gevonden worden. Dat een artiest een pseudoniem voert lijkt heel gewoon en de ontmoeting met Block gebeurt in omstandigheden die voor deze laatste niet erg vleiend zijn. Maar we zijn nu genoeg vertrouwd met Kafka's misleidende verhaalstrategie om aan de logica niet meer te geven dan haar toekomt. Misschien hecht K. te veel belang aan namen. Het avontuur met de verzonnen naam Lanz had hem nochtans kunnen leren dat namen voor het gerecht slechts een herkenningsteken zijn zoals de insignes op de tabbaards van de partijen bij de onderzoeksrechter, geen dragers van identiteit.

Dit geldt eveneens voor de zogenaamde vertegenwoordigers van het gerecht: hun namen zijn niet meer dan een speling aan het oppervlak van de taal. Eerder dan aan hun naam, zijn die figuren herkenbaar aan een verborgen merkteken dat op een of andere wijze met hun persoon of hun optreden samenhangt. Ook hier blijven de verwijzingen allusief en fragmentarisch, maar zijn toch duidelijk genoeg om de aandacht te trekken. Het gaat - wie zal daar nog van opkijken? - telkens om kleine lichamelijke misvormingen. Zo is er het geval van juffrouw Montag, over wie in het vierde kapittel wordt verteld dat zij in opdracht van juffrouw Bürstner aan K. een belangrijke boodschap overbrengt: ze is zwak en bleek en gaat een beetje mank. Er is verder Titorelli, overigens zelf een nogal slonzige verschijning; wanneer K. hem in zijn atelier gaat opzoeken, wordt hij op de trap daarheen begeleid door een zwerm kleine meisjes en daaronder is er eentje dat een bochel heeft. De koster die in de dom de aandacht van K. op de geestelijke tracht te richten, hinkt.

Het staat natuurlijk iedereen vrij hierin niets meer dan onschuldige details te zien, getuigen van Kafka's onfeilbaar gevoel voor lokale kleur. Betekenisvol worden die details eigenlijk eerst in het licht van de kennismaking met Leni, de avond van K.'s eerste bezoek aan de advocaat. Leni vraagt hem uit over zijn liefje; volgens K. heeft zij op Leni voor dat ze van zijn proces niets afweet:

> "'Dat is geen voordeel,' zei Leni. 'Als ze verder geen voordelen heeft, geef ik de moed niet op. Heeft ze een of andere lichamelijke afwijking?' 'Een lichamelijke afwijking?' vroeg K.. 'Ja,' zei Leni, 'ik heb wel zo'n kleine afwijking, zie je.' Ze trok de middel- en ringvinger van haar rechterhand uit elkaar, waartussen de huid haast tot het bovenste kootje van de korte vingers reikte. K. merkte in het donker niet meteen wat ze hem wilde laten zien, ze leidde dus zijn hand erheen, zodat hij het kon betasten. 'Wat een vreemd spel der natuur,' zei K. en hij voegde, toen hij de hele hand bekeken had, eraan toe: 'Wat een leuk pootje!' Met een soort trots keek Leni toe terwijl K. steeds opnieuw haar vingers uit elkaar boog en weer tegen elkaar legde, tot hij ze tenslotte vluchtig kuste en losliet."(83-84)

Hier wordt duidelijk hoe zowel het lichamelijk gebrek als haar bekendheid met K.'s proces Leni een voorsprong geeft op zijn minnares en zo kan ze ook zonder moeite haar plaats innemen. De misvormde hand is tegelijk lokaas en herkenningsteken; naam en lichaamsgebrek lopen als parallelle motieven doorheen de hele roman. Uit de mythologie is ons bekend dat beide te maken hebben met de oorsprong en de identiteit van de mens: wie ben ik en waar kom ik vandaan? Een naam verduidelijkt, maar misleidt ook; hij is altijd in zekere mate secundair, afgeleid, supplement. Herkend wordt de held uiteindelijk aan een letsel dat in zijn lichaam is gegrift.[7] Terwijl de naam een schijn van identiteit wekt, bewaart het letsel de herinnering aan een wonde. Dit is de onuitgesproken boodschap waarvan de representanten van het gerecht de dragers zijn. En Josef K. zelf? Ook zijn personage staat in het teken van de niet-identiteit. De doorgestreepte naam K. betekent in zijn subtiele verstrengeling met de persoon van de auteur niet gewoonweg anonimiteit, zoals wel wordt aangenomen. Hij is veeleer een hiaat die nooit meer kan opgevuld worden: "ce qui ne peut plus être écrit, c'est le Nom Propre."[8]

4. *Het getekende lichaam*

Op lichamelijke reacties in het algemeen wordt in de roman reeds vroeg de aandacht getrokken. Eén voorbeeld moge hier volstaan. Bij zijn eerste bezoek aan de kanselarijen krijgt K. het erg benauwd door wat hij daar te zien krijgt en hij voelt zich niet goed. Ook hier weer heeft de tekst een redelijke verklaring bij de hand: die zolderkamers zijn slecht verlucht en het is er te warm. Het meisje en de man die K. tot aan de uitgang begeleiden, blijken de frisse lucht van

[7] De oudste namen zijn eigenlijk alle bijnamen; dikwijls benoemen ze ofwel een opvallend lichamelijk kenmerk of een gebrek (Oedipus), ofwel de materie waaruit het lichaam is gemaakt (Adam). Hun substraat is in beide gevallen het lichaam.

[8] Roland Barthes, *S/Z* , p. 102. Omtrent het verbod dat rust op het gebruik van de eigennaam, zie: Jacques Derrida, *De la grammatologie*, Paris 1967, p. 159vv.

buiten dan weer niet te verdragen. Kenmerkend is echter K.'s reactie op het voorval: "Dergelijke verrassingen had zijn anders geheel stabiele gezondheidstoestand hem nog nooit bezorgd. Wilde zijn lichaam soms in opstand komen en hem een nieuw proces aandoen omdat hij het oude zo zonder moeite verdroeg?"(60)

De symptomen van dit proces van het lichaam treden intussen meer en meer aan het licht. Terwijl naarmate de roman vordert K.'s bewustzijnsactiviteit ronduit hypertrofische vormen dreigt aan te nemen, wordt hij in toenemende mate door verstrooidheid, vermoeienis en nerveuze opwinding overvallen. Tegen de achtergrond van die vervreemding van het eigen lichaam wordt de hierboven geformuleerde hypothese dat K. niet aan zijn naam, maar aan een teken herkend wordt, veel aannemelijker. In enkele passages nu wordt aan dit motief concreet gestalte gegeven. Tijdens K.'s gesprek met Block heeft de koopman het over de bijgelovige meningen waar de beklaagden zich aan overgeven:

> "'Een dergelijk bijgeloof is bijvoorbeeld, dat velen denken dat ze uit het gezicht van de aangeklaagde, in het bijzonder uit de lijn van de lippen, de afloop van het proces kunnen opmaken. Deze mensen hebben dus beweerd dat u, te oordelen naar uw lippen, zeker en spoedig zou worden veroordeeld. Ik herhaal, het is belachelijk bijgeloof, dat in de meeste gevallen ook volledig door de feiten wordt weerlegd, maar als je in een dergelijke omgeving verkeert, valt het niet mee om je aan zulke opinies te onttrekken. Stel u eens voor hoe hevig de uitwerking van dat bijgeloof kan zijn. U hebt daar toch iemand aangesproken, is het niet? Hij kon u haast geen antwoord geven. Er zijn natuurlijk heel wat redenen om daar confuus te zijn, maar één ervan was ook het zien van

> uw lippen. Hij heeft me later verteld dat hij op uw lippen ook het teken van zijn eigen veroordeling had menen te zien.'"(126)

Het verrast niet dat K., in tegenstelling tot Block en de andere beklaagden, deze tekens hooghartig negeert. Dit is des te riskanter daar de lippen het orgaan van het spreken zijn. In hun tekening heeft zich het discours genesteld dat K. tijdens het proces ontwikkelt; misschien is het zelfs zo dat hij door zijn zelfbewust betoog zijn eigen veroordeling oproept en als het ware in zijn eigen lichaam inschrijft. Wat hier ook van zij, het motief van de lippen herinnert overduidelijk aan dat van het lichamelijk letsel: het signaleert niet alleen op pregnante wijze nog maar eens de identiteitsproblematiek, het maakt ook zichtbaar wat aan de controle van het bewustzijn ontsnapt. Dit wil zeggen dat er zich achter K.'s rug een verandering in zijn persoon voltrekt die enkel door de anderen wordt waargenomen en die precies haar voltooiing vindt in een metamorfose van het lichaam. We weten uit andere teksten hoezeer die term bij Kafka letterlijk moet genomen worden. Deze bedenking kan ons leiden bij een van de meest bevreemdende passages van *Het proces*. Tijdens het laatste onderhoud van K. met de advocaat legt deze uit hoe het komt dat Leni zich zo aan de beklaagden hecht. Ze vindt ze allen mooi, zegt hij en hij treedt haar nog bij ook:

> "'Ik ben over dit alles niet zo verbaasd als u het kennelijk bent. Als je de goede kijk erop hebt, vind je de aangeklaagden dikwijls echt heel mooi. Dat is op zichzelf wel een merkwaardig, in zekere zin wetenschappelijk verschijnsel. Het is natuurlijk niet zo dat er ten gevolge van de aanklacht een duidelijke, nauwkeurig bepaalbare wijziging van het uiterlijk intreedt. Het gaat immers niet zo toe als bij

> andere rechtszaken, de meesten zetten hun gebruikelijke levenswijze voort en ze worden, als ze een goede advocaat hebben die voor ze zorgt, door het proces niet belemmerd. Desondanks zijn degenen die ervaring op dat punt hebben, in staat in de grootste menigte de aangeklaagden stuk voor stuk te onderscheiden. "Waardoor?" zult u vragen. Mijn antwoord zal u niet bevredigen. De aangeklaagden zijn nu eenmaal de mooisten. Het kan niet de schuld zijn, die ze zo mooi maakt, want - zo althans moet ik het als advocaat formuleren - ze zijn toch niet allemaal schuldig, het kan ook de juiste straf niet zijn die ze nu zo mooi maakt, want ze worden toch niet allemaal gestraft, het kan dus alleen maar komen door de tegen ze aangespannen procedure, die op de een of andere manier zichtbaar wordt. Ik moet zeggen dat er bij al die mooie mensen ook nog speciaal mooie zijn. Maar mooi zijn ze allemaal [...]'" (132-33)

Deze tekst plaatst ons voor een raadsel. In K.'s ogen gaat het weliswaar om het zoveelste afleidingsmaneuver van de advocaat, maar het lijdt geen twijfel dat de mededeling voor hem bestemd is: hij is de mooiste, de metamorfose is totaal. Meer dan elders in de roman wordt hier een indicatie gegeven omtrent de stand van het proces. Want waar de andere beklaagden aan K.'s lippen slechts de aankondiging van het vonnis aflezen, is schoonheid een glans die van het getransformeerde lichaam afstraalt. Zij is meer dan enkel schijn, zij is betekenis die naar buiten wil breken.

We zouden intussen dit alles nog als ziekelijke gril van een nymfomane kunnen afdoen, was het niet dat van nu af de aanduidingen zich opstapelen. Het betreft telkens passages met een sacraal karakter die, gemeten aan het schandelijke en vernederende einde, een paradoxale situatie oproepen: hoe dichter het vonnis nadert, des te sterker de metamorfose. Men ontkomt niet aan de indruk dat *Het proces* hier een andere richting uitgaat en in machtige contrastbeelden een dam wil opwerpen tegen het onvermijdelijke dat komen moet. Met des te meer zorg heeft Kafka erover gewaakt dat de paradox afgeschermd werd en bewaard bleef. Dat kan door het aanbrengen van kleine toetsen als de volgende: Block brandmerkt zelf zijn verhaal over de tekening van de lippen als bijgeloof; Lenis liefde voor de beklaagde wordt door de advocaat een hebbelijkheid genoemd; volgens Titorelli zijn vrijspraken in processen enkel uit legenden bekend. Het kan ook door sterkere ingrepen die het fictioneel statuut van de tekst veranderen. In de drie teksten die we hier nog willen bespreken, is dit het geval. De eerste twee hebben betrekking op dromen, de ene een geschrapte passage uit een onvoltooid kapittel, de andere een onder de titel *Een droom* afzonderlijk gepubliceerd stuk.

De derde tekst is de bekende parabel die in het negende kapittel door de gevangeniskapelaan wordt naverteld, beter nog geciteerd uit de "inleidende geschriften tot de wet"(152). Het is niet doenbaar van dit onnavolgbaar verhaal een exhaustieve lezing te geven.[9] Zoals elke parabel vat ook deze de situatie waarin ze wordt aangehaald samen, maar compliceert haar tegelijk. Ze verklaart ook niet gewoon, ze lanceert een appel. De sfeer en de toebereidselen in

[9] Misschien is dit zelfs niet mogelijk of, sterker nog, niet eens geoorloofd. Men leze in dit verband de exegese van de parabel door J. Derrida, in: *La faculté de juger*, Paris 1985. - Er weze aan herinnerd dat deze tekst reeds in 1919 onder de titel *Vor dem Gesetz* in de bundel *Ein Landarzt* afzonderlijk verschenen was.

de donkere, door enkele kaarsen schaars verlichte kerkruimte maken ook aan de lezer duidelijk dat het hier om uiterste dingen gaat. In een laatste plechtige aanmaning wordt K. als een andere *Elckerlijc* tot voor de poort van de wet geleid die alleen voor hem bestemd is: *tua res agitur,* lijkt de kapelaan te willen zeggen, jouw zaak staat op het spel. In de 'verschoven' spiegel van de parabel toont de geestelijke K. aan zichzelf en plaatst hem onder het teken van de niet-identiteit en van de dood. Hij is de doodsengel die het einde aankondigt. Maar hij schenkt ook troost, waar hij vertelt hoe de kinds en halfblind geworden buitenman de glans waarneemt die ondoofbaar door de poort van de wet naar buiten breekt. Er is geen reden om aan dit licht, evenmin als aan de schoonheid die voor Leni van K.'s gelaat straalt, transcendentie te ontzeggen: de twee motieven zijn zo diep in de verhaalstructuur ingebed, zo subtiel met onzekerheidsfactoren omringd en voor misvatting behoed, dat ze door de brutale feitelijkheid van K.'s dood onaangetast worden gelaten.

Maar Kafka is nog verder gegaan. In de twee droomverbeeldingen is de transformatie dermate radicaal dat de auteur deze teksten wel uit de roman moest weren, wilde hij diens strenge logica niet tenietdoen. In *Een droom* wordt verteld hoe K. op een kerkhof wandelt en in de verte een vers opgeworpen grafheuvel in het oog krijgt. Dichterbij gekomen ziet hij dat een kunstenaar op een pas geplaatste grafsteen in mooie gouden letters een inscriptie aanbrengt. Maar met de naam van de afgestorvene wil het niet vlotten; met grote moeite kan de man de eerste letter afmaken:

> "Het was een J, bijna was hij klaar, toen de kunstenaar woedend met zijn ene voet op de grafheuvel stampte, zodat de aarde rondom in de lucht vloog. Eindelijk begreep K. hem; hij had geen tijd meer om hem om vergiffenis te vragen; met al zijn vingers groef hij in de aarde, die bijna geen weerstand bood; alles scheen voorbereid; alleen voor de schijn was er tot aan de steen een dunne laag aarde uitgespreid; onmiddellijk daarachter gaapte een groot gat met steile kanten, waar K., die door een zachte stroom op zijn rug werd gewenteld, in wegzonk. Maar terwijl hij daar beneden, zijn hoofd in de nek nog opgericht, al werd opgenomen door de ondoordringbare diepte, joeg daarboven zijn naam in imposante krulletters over de steen. Verrukt door dit gezicht ontwaakte hij."(800-801)

In het andere fragment droomt K. hoe hij er met de hulp van Titorelli in slaagt tot het gerecht door te dringen. Meteen zijn ze beide in het gerechtsgebouw, waar ze lichtvoetig de trappen op en af lopen:

> "En net op het ogenblik dat K. zijn voeten bekeek en tot de slotsom kwam dat deze fraaie manier van zich voortbewegen niet meer kon horen bij zijn lage leven van nu, net op dit ogenblik, boven zijn gebogen hoofd, geschiedde de metamorfose. Het licht, dat tot dusver van achteren was binnengevallen, wisselde van plaats en stroomde verblindend aan de voorkant binnen. K. keek op, Titorelli knikte hem toe en draaide hem om. Weer was K. op de gang van het rechtbankgebouw, maar alles was stiller en eenvoudiger. Er waren geen opmerkelijke details, K. omvatte alles met één oogopslag, maakte zich los van Titorelli en ging zijns weegs. K. had vandaag een nieuw, lang, donker kostuum aan, het was behaaglijk warm en zwaar. Hij wist wat er met hem gebeurd was, maar hij was er zo gelukkig mee, dat hij het zichzelf nog niet wilde bekennen. In de hoek van een gang, die een muur had met grote openstaande ramen, vond hij op een hoopje zijn vroegere kleren,

> het zwarte colbertjasje, de smal gestreepte broek en daaroverheen het hemd met beverige mouwen uitgestrekt."(176)

De twee teksten vullen elkaar aan: de ene verbeeldt het juiste sterven, de andere een nieuwe geboorte. Ook zijn al de hierboven behandelde motieven erin terug te vinden: de naam, het schrift, de schoonheid, het transcendente licht, het getransformeerde lichaam. In de sprong die de aanvaarding van de dood enerzijds en de transfiguratie anderzijds scheidt en verbindt, valt duidelijk het narratieve schema van de initiatie te herkennen: ondergang en regeneratie. De twee fragmenten tonen de parabel van de andere kant, zij bieden een alternatief aan dat in de roman afwezig moet blijven, maar daardoor ook eerst zijn volle waarde krijgt: het is - letterlijk - een ander verhaal. Dat nochtans zonder de roman niet kan bestaan; het proces blijft zijn onverbiddelijk apriori. K. moet sterven, en wel "als een hond"(162), niet begrijpend wat hem wordt aangedaan.

Een tragische afgang? Zulke overdrijvingen liggen Kafka niet. En zo K. in de schaamte zijn eigen dood overleeft, dan eindigt hij zoals hij begonnen is, als de komediant die we allen zijn. Want zelfs de schaamte is een masker dat het gelaat van een stervende die leven wil genadig toedekt, het laatste neen aan de onwrikbare logica van de dood. En ook dit 'neen' is - hoe kan het anders? - nog een theatraal gebaar.

HOOFDSTUK V:

HET THEATER VAN HET SCHRIFT

"Ein Taschenspielerkunststück?"
Dagboek, 9 augustus 1917

1. *Van rechtbank naar schavot: twee modellen*

De novelle *In de strafkolonie* werd geschreven in de maand oktober 1914, tijdens een verlof van een tweetal weken; Kafka had daarom verzocht met de bedoeling zijn schrijfwerk sneller te laten opschieten. Over het algemeen bevredigde het resultaat hem, ook al bestempelde hij later tegenover de uitgever Kurt Wolff de laatste bladzijden als knoeiwerk. In de dagboeken zijn inderdaad ook enkele varianten van het einde te vinden; maar op een paar kleine verbeteringen na stemde hij uiteindelijk in met de publikatie van de oorspronkelijke tekst. Het boekje verscheen in 1919, na de oorlog dus, in een fraaie bibliofiele opmaak, die op een vreemde manier contrasteert met de boosaardige inhoud.

Maar keren we terug tot het jaar 1914. Zowel de persoonlijke levensomstandigheden van de auteur als de historische constellatie van toen hebben hun schaduw geworpen op het ontstaan van deze meedogenloos harde bestraffingsfantasie, waar men in de wereldliteratuur niet zo gemakkelijk een parallel voor zal vinden. Kafka heeft daar in een brief aan Wolff zelf op gezinspeeld: "Als verklaring van dit laatste verhaal voeg ik er nog aan toe, dat niet alleen dit pijnlijk is, dat veel eerder onze tijd in het algemeen en de mijne in het bijzonder eveneens zeer pijnlijk was en is, en de mijne in het bijzonder zelfs nog langer pijnlijk is dan de tijd in het algemeen."[1] Als verklaring, zegt Kafka, maar zijn uitleg heeft veel weg van een excuus. Een listig excuus op de koop toe, want de oude Duitse rechtsterm 'peinlich' heeft rechtstreeks betrekking op foltering en lijfstraf en draagt zo reeds het materiaal in zich waarmee de auteur zijn verhaal zal opbouwen.

De historische data zijn bekend: op de eerste dag van augustus 1914 was de Eerste Wereldoorlog uitgebroken. De weerslag daarvan was ook in Praag zichtbaar; aantekeningen in het dagboek bevestigen dat. Het waren vooral de patriottische optochten die Kafka's ergernis opwekten: "Ik sta erbij met mijn boze blik."[2] Deze notitie laat ook zien hoe hij de gebeurtenissen waarneemt en erop reageert: in de 'boze blik' van de wandelaar Kafka die de hoera roepende massa gadeslaat, zit eigenlijk al de blik van de verteller die de feiten op hun leugenachtigheid betrapt. Voor wàt hij ziet, volstaat een 'verklaring' eigenlijk niet meer; men kan zich daar inderdaad alleen nog voor excuseren. Met nog meer nadruk maakt de auteur gewag van zijn persoonlijke toestand. Ook hier gaat het om ingrijpende gebeurtenissen: op de 1e juni 1914 had hij zich met Felice Bauer, die hij twee jaar voordien bij Max Brod thuis had leren kennen, officieel verloofd. Zes weken later,

[1] Brief van 11 okt. 1916. Zie: *Brieven 1902-1919*, p. 156.

[2] *Dagboeken 1914-1923*, p. 58. De hiernavolgende, goed gedateerde passages werden alle geschreven tussen 6 juni en 15 augustus.

op de 12e juli om nauwkeurig te zijn, was die verloving, na een voor hem bezwarende confrontatie in aanwezigheid van familie en getuigen weer verbroken. Plaats van het gebeuren: het Berlijnse hotel "Askanischer Hof". Waar hij zich naar aanleiding van de verloving "gebonden als een misdadiger" voelde, daar vloeit hem bij de beschrijving van de voor hem meer dan pijnlijke scène in het hotel het trefwoord "Gerichtshof" uit de pen; en drie dagen later heet het met betrekking tot een als oneerlijk en behaagziek ervaren afscheidsbrief aan de ouders van Felice: "Ansprache vom Richtplatz."

"Rechtbank" en "schavot": deze twee termen reiken ver uit boven al wat zich op het voortoneel van private betrekkingen tussen families afspeelde. Meer nog dan bij de 'boze blik' zien we hier de transformerende kracht van de fictie reeds aan het werk. De scène waarop het doek dan opgaat, is ons sindsdien bekend; het is de ruimte van een zich naar onverbiddelijke eigen logica ontvouwend proces. Elias Canetti heeft in zijn essay *Het andere proces* beschreven, hoe met de termen 'rechtbank' en 'schavot' aanvang en einde van *Het proces* al zijn vastgelegd, nog voor Kafka met schrijven begint.[3] Bekijkt men de roman in het licht van het dagboek, dan geeft hij de indruk een afrekening te zijn die alleen de schrijver aangaat. De gebeurtenissen op het wereldtoneel hebben er echter zonder enige twijfel toe bijgedragen aan dit intiem conflict de gestalte te geven die wij vandaag in de roman herkennen.

[3] E. C., *Der andere Prozeß. Kafkas Briefe an Felice,* München 1969. Nederlandse vertaling in: E. C., *Het geweten in woorden. Essays,* Amsterdam 1984.

Vanaf begin augustus en tijdens de maanden die komen, zal Kafka elke dag aan *Het proces* schrijven. De hierboven vermelde veertien dagen vrijaf op kantoor waren dan ook bedoeld "om met de roman wat op te schieten."[4] Of hem dit lukt, is niet helemaal duidelijk, maar in elk geval ontstaat precies in die twee weken tevens de *Strafkolonie*. Misschien is dit toeval, maar toch roept de nabijheid van de twee teksten de vraag op naar verwantschap en verschil, niet zozeer wat de thematiek dan wel wat de structuur betreft. Ook bij een oppervlakkige vergelijking van de roman en de novelle ontkomt men niet aan de indruk dat het apocalyptisch beeld van de strafkolonie het langzame, haperende verloop van het proces brutaal onderbreekt, om iets aan het licht te brengen wat in de roman uitgespaard werd en daar niet gezegd kon worden zonder zijn narratieve samenhang te verstoren. We hebben er in het vorige hoofdstuk reeds op gewezen dat de auteur tijdens zijn werk aan *Het proces* de dreiging van zulk een voortijdig afbreken van de handeling door een overweldigend visioen al eens had ondervonden, nl. bij het ranselaarkapittel. Het gebeuren in de rommelkamer staat niet alleen geheel op zichzelf, het matige tempo zelf van de roman wordt er geheel onder de voet gelopen. Deze vaststelling geldt in nog sterkere mate voor de *Strafkolonie* : het thematisch materiaal wordt er geradicaliseerd en onder een schelle belichting geplaatst, waarbij zoiets als een onderdrukte tekst te voorschijn komt. De novelle licht het narratief principe van *Het proces* zonder meer uit zijn hengsels, en men kan zich afvragen

[4] *Dagboeken 1914-1923,* p. 69.

hoe Kafka er na zo'n ingreep nog in slaagde verder te schrijven.

Daarmee wordt niet beweerd dat de novelle een aanvulling zou zijn op de roman, een vrijblijvende variante of een alternatieve keuze. Ze brengt veeleer een breuklijn aan het licht, ze is een cesuur in de ware zin van het woord. Beide teksten houden elkaar aldus in een wurggreep, en in die verstrengeling hebben ze deel aan het discours over wet en gerecht, waarvan de fragmenten ons in de roman en de novelle overgeleverd werden. Hoe nu *Proces* en *Strafkolonie* inhoudelijk op elkaar betrokken zijn, kan het best geïllustreerd worden aan de behandeling van de schuldvraag. Die is in de twee gevallen identiek: zoals de dood van Josef K. in geen enkele verhouding staat tot de omvang van zijn schuld, zo is er geen gemene maat tussen het misdrijf van de veroordeelde soldaat en de onherroepelijkheid van het vonnis. Reden te over dus om hier de speculatieve toer op te gaan en naar achterliggende verklaringen te zoeken voor zoveel ongemak.

Zoals maar al te dikwijls het geval is in de Kafkafilologie, ventileren zulke pogingen eerder de oprechte vertwijfeling van de rechtschapen lezer dan dat zij de teksten in hun strenge wetmatigheid tot hun recht laten komen. Toegegeven: wanneer in *Het proces* het gerecht door de schuld wordt aangetrokken, zoals een van de bewakers beweert, en anderzijds in de *Strafkolonie* de officier verklaart: "'De schuld staat altijd vast'"(760), dan klinken zulke apodictische uitspraken ons als je reinste sofismen in de oren, omdat ze nu eenmaal niet stroken met onze opvatting van recht en wet. Vraag is echter of we de teksten op die manier niet al te ongereflecteerd naar onze eigen premissen plooien. Laten we daar liever een ogenblik van afzien; dan lijkt de paradox zowel van de roman als de novelle erin te bestaan dat de vraag naar de schuld niet beantwoord wordt, misschien zelfs niet eens kan of mag beantwoord worden, evenmin trouwens als de vraag naar het fundament van een wet die zo haaks staat op ons rechtsgevoel. 'Schuld' en 'wet' functioneren hier als epistemologische grensbegrippen; ze programmeren de gang van de handeling, maar blijven zelf buiten bereik. Ze zijn dus tegelijk ook barrières die de tekst in zijn bewegingsvrijheid beperken. Daarom moet het ongehoorde maxime 'de schuld staat altijd vast' hier vooreerst als een narratief signaal begrepen worden waardoor het schuld-thema buiten het verhaal gesloten wordt. De schuld kan niet verteld worden.

Daarentegen is het effect ervan op het verhaal maar al te reëel. En van hier af gaan de roman en de novelle elk hun eigen weg. Die loopt ongeveer parallel met de twee basiscategorieën van het discours, metonymie en metafoor. *Het proces* lijkt eerder naar het principe van de metonymie georganiseerd te zijn. De aanklacht die hier geënsceneerd wordt, simuleert alleen maar een juridisch verloop en kan zich op die manier voortdurend en *ad libitum* aan toetsing en bewijs onttrekken. Door het woekerende geklets van zich onbevoegd noemende rechters, niet het minst ook door de praatzucht van de beklaagde zelf, kan een beslissende uitspraak van het gerecht altijd weer worden verschoven en uitgesteld, tot aan een uiterste grens, waar op een afgelegen plek de roman zich zelf buiten spel zet. *De Strafkolonie* daarentegen duldt geen vrijloop noch uitstel van die aard. Ze organiseert met trefzekere handgrepen een uiterst compact gebeuren, en wel de allerlaatste fase van een gerechtelijke procedure, een terechtstelling. Alles wordt hier tot een om zijn eigen middelpunt wentelend beeld verdicht en in dit middelpunt staat een executiemachine opgesteld. Waar in de roman, overeenkomstig het metonymisch principe van de verschuiving, de hoogste instantie, gerecht of wet, in het verhaal ontbrak, afwezig en buiten bereik moest blijven, daar manifesteert deze instantie zich in de novelle op brutale wijze. Natuurlijk ook weer niet direct, maar in de gestalte van een gemachtigde: het zogenoemde "apparaat" is niets meer maar ook niets minder dan een scherpzinnig geconstrueerde metafoor, die dan wel met een monstrueuze precisie haar werk verricht. Anders dan *Het proces,* dat in het bewustzijn van de beklaagde alleen de bedrieglijke weerschijn van een niet te localiseren 'elders' opvangt, bezit de *Strafkolonie* al de kenmerken van het visuele beeld dat in zijn concrete verschijning voor de waarnemer onmiddellijk aanwezig is. Een beeld dat bovendien de densiteit van de droom heeft en een hallucinatorisch effect oproept waaraan niemand ontkomt.

Deze summiere vergelijking heeft enkele kenmerken opgeleverd die de bouw van de novelle verduidelijken. Haar visionair karakter mag ons echter niet doen vergeten dat beelden (om van dromen niet te spreken) ook altijd een discursieve resp. narratieve dimensie hebben. Met andere woorden, ze moeten gelezen worden, vragen om commentaar. Ieder beeld is daarenboven tegelijk ook nog eens schrift, waarvan de code moet kunnen ontcijferd worden. Het valt dan dadelijk op dat in het geval van de *Strafkolonie* deze structuur op een heel bijzondere manier gerealiseerd wordt. Enscenering en beeldschrift, decodering en commentaar, lezen en herkennen: het zijn allemaal elementen die hier uit de kern zelf van het verhaal ontwikkeld worden. Eerst deze gezichtshoek geeft ook aan de twee hoofdrolspelers een duidelijker contour: doordat de officier als commentator optreedt, de reiziger van zijn kant niet enkel als waarnemer verschijnt, maar daarenboven aangespoord wordt om te lezen, ligt het discursieve patroon diep in het centrale beeld ingekapseld. De zogenaamde neutrale opstelling van de reiziger is bijgevolg enkel schijn; door de dynamiek van het verhaal is deze bezoeker evenzeer aan het apparaat gekluisterd als de officier. Tot welke conclusies deze thesis leidt, wordt verderop uiteengezet. Als voorlopig besluit willen we hier het volgende aanhouden: de novelle moet gelezen worden naar het model van een rondleiding; haar verloop neemt de vorm aan van een demonstratie.

2. *Bezichtiging van een strafinrichting*

Vanzelfsprekend wordt niemand ervan verdacht aan wie ook de rol van de officier te willen opdringen, en aan de lezer wordt niet gevraagd dat hij zich zonder meer met de reiziger zou vereenzelvigen. Alleen is het niet zeker - en de novelle zal dat naar believen telkens opnieuw bevestigen - of dit gruwelijk schouwspel iemand onberoerd laat. De lezer kan natuurlijk proberen zich aan de zaak te onttrekken, zoals de reiziger metterdaad ook doet aan het einde van het verhaal; ook deze vluchtweg staat dus al van te voren uitgetekend in de tekst. Nog voor we aan de lectuur toe zijn, confronteert Kafka ons met de vraag wat het betekent een tekst te lezen, een tekst te 'bezichtigen', bezoekers in een tekst rond te leiden.

Hoe diep ook deze vraag in de thematiek van de *Strafkolonie* verankerd ligt, moge nu blijken uit het feit dat we in de loop van het verhaal zelf met nog eens een tekst geconfronteerd worden, het vonnis, dat door het apparaat in het lichaam van de veroordeelde gekerfd wordt. Ontcijferen kunnen we déze tekst zo min als de reiziger, hem ontlopen zullen we niet. Een betrouwbaar voorbeeld kan deze ietwat boude bewering illustreren. Toen Kafka in de herfst van 1916 in de galerie Goltz in München de nog onuitgegeven novelle voorlas, brak onder de toehoorders een lichte paniek uit. Enkelen onder hen, dames wellicht, kregen een flauwte; anderen, dat zullen wel heren geweest zijn, gingen er vandoor eer de schrik hen te pakken kreeg. De anekdote werd niet verzonnen. Deze memorabele leesavond - een van de zeldzame publieke optredens van Kafka en het enige buiten Praag - is door een gelukkig toeval nauwkeurig gedocumenteerd: een van de aanwezigen heeft er een verslag van gemaakt. Het volgt hier in extenso.

> "De zaal op de eerste verdieping van de galerie was slecht verlicht en niet verwarmd. Aan de wanden hingen de olieverfdoeken van onze vrienden uit de Münchner Neue Sezession, kleurrijke en ritmische vormen ofwel krasse montages naar expressionistische smaak. Kafka zat aan de lessenaar die op een podium stond, schimachtig, donkerharig, bleek, een gestalte die haar verlegenheid om het eigen optreden niet werkelijk wist te overwinnen. Zo las hij, in schuinse houding tegen de lessenaar geleund, een onuitgegeven prozastuk voor: 'In de strafkolonie'.
>
> Hoe hij sprak, ben ik vergeten. Van bij de eerste woorden leek het alsof zich een flauwe bloedgeur verspreidde, een vreemdsoortige flauwe en fletse

> smaak legde zich op mijn lippen. Zijn stem mocht dan al verontschuldigend klinken, scherp als messen drongen de beelden in mijn binnenste, ijsnaalden vol ondoorgrondelijke kwelling. Het ging hier niet enkel om de beschrijving van een foltertuig en van een foltering, met woorden van ingehouden extase in de mond van de pijniger en beul. Ook de toehoorder werd in deze helse kwelling meegesleurd, ook hij lag als slachtoffer op de dansende folterbank, en elk nieuw woord kraste als met een nieuwe doorn de terechtstelling in zijn rug.
> Een doffe val, verwarring in de zaal, een in zwijm gevallen dame werd naar buiten gedragen. Intussen ging de beschrijving haar gang. Nog twee keer velden zijn woorden bewusteloze mensen neer. De rijen van de toehoorders en de toehoorsters werden dunner. Er waren er die op het laatste ogenblik de vlucht kozen, net voor het visioen van de dichter ze overweldigde. Nooit heb ik gesproken woorden een dergelijke indruk zien maken. Ik bleef tot op het laatst, af en toe met stokkend hart, maar ik bleef en hoorde hoe de beul zelf zich vrijwillig aan zijn eigen kunstvolle tortuur onderwerpt en hoe de executiemachine boven zijn gespietste lijk in stukken breekt."[5]

Tonelen als deze zullen ons zoveel jaren later wel bespaard blijven; ze zouden ook eerder misplaatst zijn. Toch moet bij de zakelijker benadering die hier op het getouw staat, het aandeel van het lichaam niet vergeten worden, dat zich bij gelegenheid met geweld tegen het bewustzijn keert en een ander spoor volgt. Dit dilemma is er evengoed een van het lezen en het schrijven - van het schrift -, en ook de interpreet kan daar niet aan ontsnappen.

[5] Eigen vertaling. Het relaas is afkomstig van Max Pulver. Zie: *Franz Kafka. Kritik und Rezeption zu seinen Lebzeiten 1912-1924*, ed. Jürgen Born, Frankfurt 1979, p. 118-19.

Laten we ons dus nu in het gezelschap van de officier en de reiziger naar dat "diepe, zanderige, door kale hellingen geheel ingesloten kleine dal"(756) begeven, dat voor een openluchttheater als voorbestemd lijkt; in het midden, diep in de bodem ingebouwd, het apparaat waaraan de strafkolonie haar reden van bestaan ontleent. Want hoewel de plaats van de terechtstelling een eind van de woningen van de gedetineerden en van de kleine haven af ligt, is dit apparaat niettemin het centrum van de strafkolonie, de spiegel waarin zij zichzelf herkent, de merknaam van haar ongeschonden totaliteit. In zijn lofrede op de uitvinding van de vroegere commandant legt de officier dan ook telkens weer de nadruk op de technische volmaaktheid van deze perfecte machine. Hoewel hij nog niet zo lang geleden kan gestorven zijn - de officier was van bij het begin zijn assistent en beweert van zichzelf dat hij nog jong is -, wordt de figuur van de commandant tegelijk met de waardigheid van de verre stichter bekleed: op de grafsteen, die in het theehuis onder een tafel verborgen ligt, leest de reiziger later het opschrift dat zijn heropstanding aankondigt, na een vastgestelde tijd. Dan zal hij aan het hoofd van zijn aanhangers de kolonie opnieuw in bezit nemen.

Het apparaat zelf, een meesterstuk van technisch vernuft en voorloper van de moderne robot, is tegelijk in het heden van de vertelling ook nog de indrukwekkende getuige van een mythische oertijd. Ook al komt er zo stilaan sleet op - de officier doet er zijn beklag over dat reserveonderdelen ontbreken -, de ziel van het apparaat is niet aangetast. Doel en werking van de machine worden nu door de officier uitvoerig toegelicht: zij "'mag niet onmiddellijk doden, maar over het algemeen pas na twaalf uur, er wordt gerekend, dat het keerpunt ongeveer na zes uur optreedt.'"(763) Het doden komt blijkbaar eerst volop tot zijn recht in een rituele handeling waarin de veroordeelde zelf de hoofdrol speelt. Naar het model van de antieke tragedie wordt haar verloop geregeld door twee hoofdmomenten: *peripetie,* het 'keerpunt' en *anagnorisis,* de herkenning. Met een opvallende zin voor symmetrie worden beide momenten naar het midden van het gebeuren verlegd: "'Maar wat wordt hij stil na dat zesde uur! Zelfs de allerdomsten gaat dan een licht op. Het begint om hun ogen. Van daaruit verspreidt het zich [...] Het is natuurlijk een heel werk; hij heeft zes uur nodig om het te voltooien.'"(763-64) Twee keer zes uur dus, een volmaakt getal en een volledige dag, waarin de tijd van een leven samengevat en afgesloten wordt.

Bij zulk een feestelijk ritueel hoort publiek. In pathetische bewoordingen beschrijft de officier hoe destijds al een dag voor de executie de mensen zich in dit amfitheater verdrongen - "'er mocht geen enkele hogere ambtenaar ontbreken'" (766) -: de strafkolonie viert op die dag haar *dies natalis,* haar stichtingsfeest. De aanwezigheid van publiek is hier dan ook niet gewoon een kwestie van opsmuk, openbaarheid behoort tot haar wezen. Tot spel gestileerd, wordt de straf boven het niveau van een zuiver materiële handeling uit getild en in een discours van de bestraffing omgevormd waar zowel de regisseur als het slachtoffer en de toeschouwers aan deelnemen. Wreedheid smeedt banden: "Ohne Grausamkeit kein Fest", Nietzsche wist het al.[6]

[6] *Zur Genealogie der Moral,* 2. Abhandlung, kap. 6.

Welke functie vervult het apparaat in deze theatrale context? Hier volgt een eerste aanzet tot interpretatie. De foltermachine demonstreert in de streng gesloten kringloop van haar drie hoofdfasen - wet, straf, verlossing - de logica van de totale gerechtigheid. De wet zelf treedt niet als zodanig op, maar manifesteert zich wel ondubbelzinnig in haar apriori, de uitspraak die zegt dat de schuld altijd vaststaat. Aan het andere uiteinde van de cirkel staat de verlossing; ze wordt zichtbaar in de transfiguratie waardoor het gelaat van de gefolterde langzaam een verheerlijkte uitdrukking aanneemt. Op die wijze keert de beweging tot haar beginpunt terug en mondt zo uit in de bevestiging van de wet. Een sleutelpositie wordt door de straf ingenomen: zij alleen is in staat de ware kennis te bewerken, kennis waarin het algemene en het bijzondere, wet en subject samenvallen.

Maar ook de wet zelf moet door de straf het bewijs leveren dat de metafysische cirkel klopt. Daartoe neemt zij de techniek in haar dienst: twee extreem tegengestelde polen, de pure inwendigheid en het zuiver mechanische maken hier gemene zaak. De hand, dit onbetrouwbaar instrument, is bijgevolg niet langer bruikbaar, maar alleen de machine: "'Tot nu toe moest het nog met de hand bediend worden, van nu af aan werkt het apparaat helemaal alleen'", zegt de officier(756). De voornaamste eigenschap van de machine moet dan ook zuiverheid en transparantie zijn, eerst zo kan zij perfect functioneren. Om die reden werd de eg uit glas vervaardigd; ze heeft de vorm van een mens. In feite zijn er drie eggen: een voor het bovenlichaam, een voor de benen, voor het hoofd "'is maar één kleine pin bestemd.'"(761) Op die manier kunnen de toeschouwers, die immers dit exemplarisch gebeuren tot het hunne moeten maken, de uitvoering van het vonnis controleren. Buitensporige bloeding moet eveneens vermeden worden, want het is de bedoeling het schrift de hele tijd helder te houden. Daartoe heeft iedere lange, schrijvende naald een korte naast zich waaruit water spuit om het bloed weg te wassen. Er zijn ook nog de speciaal geprepareerde watten die na de eerste fase van de inscriptie het bloeden van de gewonde plekken onmiddellijk stelpen "'en ze zo voor een diepere herhaling van het schrift klaarmaken.'"(763)

De beschrijving is nog niet rond. Ook het schreeuwen moet verhinderd worden, want het mechanisch functioneren van de wet verlangt stilte. In de folterkamers van de Marquis de Sade kon je in de kreet van het slachtoffer nog een laatste echo vernemen waarmee de taal in de niet-zin kantelde, maar die tegelijk het subject in de onherleidbare singulariteit van de pijn zichzelf nog één keer liet oprichten. Zulke storingen worden in het foltersysteem van Kafka voorkomen door de kleine verstelbare viltprop: "'Ze is bedoeld om het schreeuwen en het doorbijten van de tong te verhinderen.'"(758) De tong kan voor de taal staan: zoals de hand is ook die een onzuivere bemiddelaar. Hier ligt ook de reden waarom het vonnis niet mag meegedeeld worden. Tot zijn verrassing verneemt de reiziger inderdaad dat de veroordeelde niet alleen de uitspraak niet kent, maar zelfs niet eens weet dàt hij veroordeeld werd, zodat er van enig verweer in rechte geen sprake kan zijn. Het antwoord van de officier past echter volkomen binnen zijn systeem: "'Had ik eerst de man bij mij laten roepen en ondervraagd, dan was er maar verwarring ontstaan.'"(760) Een verhoor zou de procedure enkel hebben vertroebeld en de zuivere teleologie van de wet verontreinigd. Vertroebeling betekent uitstel: dit wordt Josef K. in *Het proces* nog gegund, maar hier is het anders. Daarom vervallen aanklacht en verdediging en moet de schuld van te voren vaststaan.

We moeten nog een stap verder gaan. Het vonnis duldt niet enkel het gesproken woord niet, om zijn doel te bereiken moet het zijn weg langs de machine nemen: de tekst van het vonnis wordt de veroordeelde op zijn rug geschreven. Het zal meteen duidelijk zijn dat hier niet gewoon een nieuwe, geraffineerder foltermethode gedemonstreerd wordt waar de ons uit de geschiedenis bekende tortures bij verbleken. Folteren is niet het eigenlijke doel; de machine heeft tot taak de veroordeelde het vonnis 'in te prenten', opdat hij zou begrijpen. Haar specifiek karakter bestaat erin dat zij in staat is de kennis van de wet over te dragen: zo is de machine de volmaakte representant. In een griezelig aandoende retorische verkorting wordt de techniek tot handlanger van de metafysica gemaakt. Het mechanische schrift staat er borg voor dat de abstracte idealiteit van de wet zich zonder verstoring door het bewustzijn in de pure uitwendigheid van het lichaam kan manifesteren en zo tot haar begin, haar oorsprong kan terugkeren. Het mechanisme van het schrijven is derhalve tegelijk een technische én een metafysische handeling; kortom, het apparaat is een schrijfwerktuig en zijn opdracht bestaat erin zowel de straf als het lichaam in een tekst te veranderen.

De ongewone verontrusting die van de beschrijving van het gebeuren uitgaat wil ook bij herhaalde lectuur niet wijken. Dat is te wijten aan het feit dat het apparaat in kwestie niet meer in de gebruikelijke zin als metafoor gebagatelliseerd kan worden, voorzover men in de metafoor een simpel hulpmiddel wil zien om iets te verduidelijken of te illustreren. Bij Kafka wordt de taal naar de letter genomen. Wanneer de officier verklaart dat het geen enkel nut zou hebben het vonnis aan de veroordeelde mee te delen - "'hij ondervindt het immers aan den lijve'" (759) -, dan wordt het in deze uitspraak vervatte programma zeer letterlijk genomen en in een agressieve beeldentaal omgezet die ons afschrikt. Alleen in het taalgebruik van psychotici is dit soort vernietiging van de symbolische distantie terug te vinden.[7]

Het is daarom ook van weinig nut naar modellen op zoek te gaan waarop Kafka zich voor het ontwerpen van zijn onvoorstelbaar apparaat zou geïnspireerd hebben. Uit de rapporten omtrent ongevallenpreventie die hij voor de verzekeringsmaatschappij tegen arbeidsongevallen waar hij werkte schreef, weten wij dat ingewikkelde mechanische constructies hem boeiden.[8] Deze documenten nu zijn op zichzelf wel erg waardevol, maar voor ons betoog leveren zij niet veel op, tenzij dan dat men ook hier weer getroffen wordt door de uiterste precisie in de beschrijving. Kafka's machine behoort echter tot een andere clan. Zo pijnlijk nauwkeurig en gedetailleerd als zij door de offi-

[7] Daarmee wordt niet een z.g. psychoanalytische interpretatie van de novelle gesuggereerd. De taal van Kafka werkt met de letterlijkheid van de psychose zonder daarom zelf psychotisch te zijn. Vgl. Paul Moyaert, *Een betekenisproduktie zonder geschiedenis. Enkele opmerkingen over het psychotisch discours vanuit psychoanalytisch perspectief*, Raster 24(1983), p. 135-52.

[8] Zie: *Franz Kafka, In der Strafkolonie. Eine Geschichte aus dem Jahre 1914*. Mit Quellen, Abbildungen, Materialien aus der Arbeiter-Unfall-Versicherungsanstalt, Chronik und Anmerkungen von Klaus Wagenbach, Berlin 1975.

cier beschreven wordt, zo vaag en vreemd blijft de indruk van het geheel. Een feilloos middel om haar effect te verknoeien is dan ook ze te reproduceren; daar is al meer dan één bewerking voor het theater op gestrand. Wie per se analogieën wil vinden, bekijkt best eens de tekeningen en schetsen van psychiatrische patiënten uit de befaamde Prinzhorn-verzameling.[9] Hij zal daar fantasierijke en tegelijk dwangmatig meticuleuse ontwerpen aantreffen, die in hun extreem doorgedreven functionaliteit meer zeggen over de ontspoorde logica van dit apparaat dan welke reconstructie ook.

3. *Terreur van de Logos*

Wat hierboven met betrekking tot de letterlijkheid van Kafka's taalgebruik gezegd werd, is niet zozeer van toepassing op de machine zelf dan wel op het door haar geproduceerde schrift en de koppeling daarvan met de uitvoering van de straf. Het dieper verband tussen beide is er niet een van technische maar van metaforische aard. In de metafoor van het schrift ligt dan ook de centrale knoop van deze tekst. Straf als schrift, schrift als straf: wat in de retorica als *chiasme* bekend staat, wordt hier tot een metafysische verstrengeling. Het gaat niet om de vraag of het schrift een geschikt beeld is om de straf te veraanschouwelijken, maar wel wat de betekenis mag zijn van dit duivelspakt met de techniek. Het door de

[9] Hans Prinzhorn, *Expressions de la folie: desseins, peintures, sculptures d'asile,* trad. Marilène Weber & Alain Brousse, préf. Jean Starobinski, Paris 1984 (Connaissance de l'Inconscient); *Die Prinzhorn-Sammlung. Bilder, Skulpturen, Texte aus psychiatrischen Anstalten (ca. 1890-1920),* Königstein/TS 1980 (tentoonstellingscatalogus).

oude commandant ontworpen apparaat demonstreert dus niet gewoon een naar abstrakte principes uitgedachte metafysiek van de straf. Het op archaïsche schrijftechnieken gebaseerde procédé roept tegelijk ook de vraag op naar de oorsprong van het schrift en de geschiedenis van de teksten en stelt aldus op een provocerende wijze tevens de vraag naar het statuut van het subject.

Nergens wordt inderdaad in de geschiedenis van de mensheid het in-de-wereld-zijn van het psychische, het op-elkaar-aangewezen-zijn van bewustzijn en lichaam zo duidelijk zichtbaar als in het fenomeen van het schrift. Dat geldt reeds voor het *paleolithicum*: de meeste ons uit die tijd bekende kosmische symbolen zijn zonder enige twijfel alle naar analogie met het menselijk lichaam gevormd. Ook dienden de vroegste pictogrammen die in de culturen van het Oude Nabije Oosten parallel met de opkomst van de akkerbouw verschijnen, beslist niet enkel voor de registratie van de eigendom; in de door het schrift gewaarborgde eenheid van naam en lichaam bekrachtigden zij tevens op indrukwekkende wijze de identiteit van de persoon. Dat kan men evengoed aflezen aan de statuettes uit Uruk in Zuid-Mesopotamië, die een op de rug gebeitelde lofspreuk dragen, als aan de binnenin volledig beschreven oud-Egyptische sarcofagen, die de naam van de afgestorvene, door bezweringsformules omringd, naar het hiernamaals geleiden.[10]

[10] Zie: Alfred Métraux, Les primitifs. Signaux et symboles, pictogrammes et protoécriture, in: Marcel Cohen e.a., *L'écriture et la psychologie des peuples,* Paris 1963 (Centre International de Synthèse); *Ontstaan en ontwikkeling van het schrift*, Brussel 1984 (tentoonstellingscatalogus Generale Bankmaatschappij).

Het staat vast dat in de oude oosterse culturen het schrift tegelijk instrument én symbool is van de macht. Toch lijkt in dit opzicht de analogie met de functie van het schrift in de *Strafkolonie* eerder gering. Eerst met de door Plato ontworpen metafysiek van het schrift wordt deze analogie dwingend. In de *Phaedrus* [11] verwerpt Plato het schrift als een overbodig en gevaarlijk supplement bij de levende rede. Het enige waarachtige schrift is volgens hem het inwendige schrift, waarmee de waarheid haar spoor rechtstreeks in de ziel inprent. Deze twijfelachtige poging van Plato het schrift als bemiddelaar tussen de waarheid en de ziel aan de *logos* te onderwerpen, ligt aan de basis van een succesrijke metafoor waarvan de geschiedenis in de metafysica van het avondland bekend is, tot aan Descartes en Freud toe.[12] De gelijkenis nu tussen de rol van het schrift bij Plato en het mechanisme van Kafka's machine springt in het oog. Het volstaat daartoe de term 'ziel' te substitueren door 'lichaam'. Op de vraag naar het waarom van deze cynische operatie kan de tekst van de *Strafkolonie* best zelf antwoord geven.

Bekijken we dus dit schrift nog wat nader. De eg schrijft eigenlijk niet, maar graveert met het minutieus geduld van de etser de letters in het lichaam van de veroordeelde. Bestuurd wordt ze door het raderwerk in de tekenaar, die op zijn beurt zijn informatie

[11] Kafka bezat deze tekst, in een Duitse vertaling uit 1904 van Rudolf Kassner. Zie: Klaus Wagenbach, *Franz Kafka. Eine Biographie seiner Jugend 1883-1912,* Bern 1958, p. 259.

[12] Zie: Jacques Derrida, La pharmacie de Platon, in: *La dissémination,* Paris 1972; J. D., Freud et la scène de l'écriture, in: *L'écriture et la différence,* Paris 1967; J. Deryckere, Plato en het pharmakon, in: *Jacques Derrida. Een inleiding in zijn denken,* red. Samuel IJsseling, Baarn 1986.

ontvangt van de tekening waarop het vonnis betrekking heeft. Die is afkomstig uit een verzameling die nog door de vroegere commandant is aangelegd. Het resultaat ziet er in zijn mengeling van schrift en ornament uit als een tatoeage. Belangrijk schijnt vooral te zijn dat het oppervlak van het lichaam volledig bedekt wordt. Nadat in de eerste, zes uur durende fase het lichaam in een levende tekst veranderd werd, begint de ontcijfering. Het principe waaraan de machine gehoorzaamt, bepaalt dat de tekst niet met de ogen kan gelezen worden. Dat heeft de reiziger reeds zelf kunnen vaststellen toen de officier hem de bladen met de tekeningen toonde: "De reiziger had graag iets waarderends gezegd, maar hij zag niets anders dan een wirwar van elkaar kruisende lijnen, waarmee het papier zo dicht bedekt was, dat je met moeite de tussenruimten herkende."(762) Alleen het lichaam is in staat te lezen: de man ontcijfert het schrift met zijn wonden. Hier neemt de geprogrammeerde pijn de arbeid van het bewustzijn over en leidt de veroordeelde in het trage verloop van een twaalf uur durende foltering binnen in de kennis die verlossing brengt: "'Hoe namen wij allemaal de verheerlijkte uitdrukking op het gemartelde gezicht waar, hoe glansden onze wangen in het licht van deze gerechtigheid, eindelijk bereikt en alweer bijna voorbij! Dat waren tijden, kameraad!'" (767)

Het is tijd om af te breken. Ten laatste hier, bij deze tegelijk propagandistische en aan het blasfemische grenzende, onuitstaanbare passage zal de lezer zich gaan afvragen of hij niet zelf het slachtoffer is van een groots opgezet bedrog. Blasfemisch is deze beschrijving wegens de onmiskenbaar bijbelse motieven die erin verweven zijn; denken we maar aan het gebaar van de heilige Veronica die met een doek het zweet van Jesus' gezicht afnam of aan de symboliek van het zesde uur met haar verwijzing naar de kruisdood. Men staat een ogenblik verstomd bij de trefzekerheid waarmee hier de straf als hefboom van een metafysische drogreden wordt gehanteerd. Schrijft deze machine eigenlijk wel of handelt zij enkel in opdracht van een brutale rede, die zich verlustigt in categorische imperatieven? Zijn de onleesbare tekeningen van de vroegere commandant, deze verbasterde calligrafieën, niet de negatie van het echte schrift, een schijn- of eerder nog een nietschrift, dat zich in de techniek heeft vermomd om zo het theater van de geschiedenis, waarin leven en dood op een andere wijze op elkaar betrokken zijn, te beheersen?

En wat met die uitdrukking van gelukzaligheid die vanaf het zesde uur het gezicht van de gefolterde tot de hoogste schoonheid verheft? Het minste wat daarover kan gezegd worden is dat het hier een oeroud kenmerk van uitstotingsrituelen betreft: slachtoffers zijn schoon, moeten schoon zijn. Kafka heeft, zoals we gezien hebben, dit motief ook in *Het proces* opgenomen: Leni, het verpleegstertje van de advocaat, vindt alle beklaagden mooi. En de advocaat zelf heeft voor het feit dat kenners hen feilloos van de anderen kunnen onderscheiden, enkel een superlatief bij de hand: "'De aangeklaagden zijn nu eenmaal de mooisten.'" (133) Daarin, en in de voorliefde voor de 'beschrijving' van de lichaamsdelen stemmen offerrituelen overeen met de code van de westerse liefdeslyriek. "L'exigence, dans la figure des victimes, d'une beauté toujours classée incomparable", merkt Jacques Lacan op met betrekking tot de beschrijving van de slachtoffers in de romans van de Sade.[13] Maar, zo voegt hij eraan toe, is die schoonheid niet eerder een grimas die een dieperliggend afgrijzen op afstand moet houden? Indien we aannemen dat de op die manier gepostuleerde schoonheid van het slachtoffer het effect van een waanbeeld is, dan is er in de *Strafkolonie* meer aan de hand dan gewoon de demonstratie van een verjaard rechtssysteem. En als de verdenking terecht is dat in de verheerlijking van het slachtoffer een perverse 'Vernunft', een ontaarde rede haar bedenkelijke triomf opvoert, komt hier dan de antinomie van de wet zelf niet aan het licht?

Maar goddank, de demonstratie gaat tenslotte niet door en bij de poging van de officier het apparaat alsnog recht te doen valt het barbaars stuk speelgoed weldra aan diggelen. Door het apparaat met het vonnis "wees rechtvaardig"(772) te belasten verlangt de officier van de wet de bevestiging van zijn imaginaire aanspraak op almacht. Ze wreekt zich door de machine te vernietigen. De officier komt op een gruwelijke wijze aan zijn einde, zonder dat er ook maar een glimp van de beloofde verlossing op zijn gezicht te bespeuren valt. We kunnen ons dus met opgelucht gemoed aan de zijde van de reiziger scharen: hij heeft door zijn eerst aarzelende, dan echter besliste afwijzing van deze gerechtelijke praktijk de officier in het nauw gedreven.

En er is nog meer geruststellend nieuws. Kafka heeft er door goed berekende ingrepen voor gezorgd de innemende retoriek van de officier met de ontluisterende feiten te laten contrasteren. Er is de trieste atmosfeer van deze kwalijk gereputeerde plek, waar

[13] J. L., Kant avec Sade, in: *Ecrits,* Paris 1966, p. 775.

nog slechts een hoop rieten stoelen aan de toeloop van vroeger herinnert; er zijn de storingen bij het opstarten van het apparaat; er is de toenemende afkeer van de reiziger. Een niet onbelangrijke rol spelen verder de door de begeleidende soldaat en de veroordeelde uitgelokte incidenten; eerst de macabere komiek die daarvan uitgaat, maakt de lectuur van dit verhaal min of meer verteerbaar. Een bespottelijke indruk maakt overigens ook de overdreven aanhankelijkheid van de officier aan zijn uniform; het herinnert hem aan zijn vaderland, zegt hij, aan zijn "Heimat"(756). (Tussen haakjes: wat betekent hier 'vaderland'? Uit welk continent is deze man afkomstig?) Tenslotte mag het ons niet ontgaan dat Kafka het verslag over de tijd van de vroegere commandant uitsluitend vanuit het gezichtspunt van de officier doet; op die wijze legt hij in het verhaal een dubbele bodem die het geheel van bij het begin in een sfeer van dubbelzinnigheid plaatst.

Moet het relaas van de officier daarom simpelweg als bedrog bestempeld worden? Zeker is het dat. Meer nog: het is een vervalsing; de kerel levert daartoe eigenhandig het bewijs. Maar daarmee is de zaak niet rond. Kafka heeft niet de officier, maar de reiziger in het centrum van zijn verhaal geplaatst. Nu is die reiziger niet enkel de uitdager die door zijn bezoek het gebeuren in gang zet en de confrontatie uitlokt. Bij nader toezien ontkomt men niet aan de indruk dat hij niet toevallig de enige toehoorder van de officier is en getuige van diens ondergang, maar dat dit gebeuren werkelijk hem alleen aangaat. Dit lijkt bevestigd te worden door een van de varianten die Kafka in zijn dagboek genoteerd heeft. Daar gaat de reiziger, nadat alles voorbij is, uitgeput in een van de rieten stoelen zitten en ziet zichzelf in gedachten in een laatste gesprek met de omgekomen officier verwikkeld:

> "Als zijn schip door dit onbegaanbare zand hier naar hem toe was geschoven om hem aan boord te nemen, zou dat het mooiste zijn geweest. Hij zou aan boord zijn geklauterd. Maar van de trap af zou hij de officier nog een verwijt hebben gemaakt over de ruwe terechtstelling van de veroordeelde. 'Ik zal het thuis vertellen,' zou hij nog met verheffing van stem hebben gezegd, zodat ook de kapitein en de matrozen, die zich nieuwsgierig over de reling bogen, het hoorden. 'Terechtgesteld?' zou de officier daarop gevraagd hebben. 'Daar is hij toch?' zou hij hebben gezegd, op de man wijzend die zijn bagage droeg. En inderdaad was dat de veroordeelde, van wiens gelaatstrekken de reiziger zich door scherp kijken en nauwkeurig onderzoeken overtuigde. 'Mijn compliment,' moest de reiziger zeggen en hij zei het graag. 'Een goochelkunstje?' vroeg hij nog. 'Nee,' zei de officier, 'een vergissing uwerzijds, ik ben geëxecuteerd, zoals u het beveelt.' De kapitein en de matrozen luisterden nu nog aandachtiger. En zij zagen allemaal hoe de officier over zijn voorhoofd streek en een pin zichtbaar maakte die krom uit zijn gebarsten voorhoofd stak."[14]

In de oorspronkelijke versie van de novelle gaat de reiziger in gezelschap van de soldaat en de veroordeelde eerst naar het theehuis en begeeft zich dan snel naar de haven. Als de beide mannen, die hem nagelopen zijn, nog in de boot willen springen, weert hij ze met een kabeltouw af en vertrekt. De hier geciteerde variante daarentegen ontwerpt een situatie *post factum* - tijdens het afschminken! -, waarin door de hoofdrolspelers over het gebeurde wordt nagekaart. Door deze verandering van perspectief wordt, achter-

[14] *Dagboeken 1914-1923*, p. 131-32.

af als het ware, het statuut van het verhaal in zijn geheel gewijzigd: de *Strafkolonie* krijgt zo het uitzicht van een mise-en-scène; de reiziger is er het slachtoffer van een hallucinatorische begoocheling, die hem dwingt te lezen zoals de tekst het gebiedt. De variante maakt zo op haar manier duidelijk hoe diep het hele gebeuren in de psyche van de reiziger verankerd ligt.

Toch laat de schimmige scène waarop hij tegen beter weten in gesleurd werd, hem ook aan het eind niet ongedeerd afgaan en voor een bevrijdende katharsis blijft weinig ruimte. Want ook in het dubieuze naspel dat in de variante wordt opgevoerd, kunnen de deelnemers de hen toegewezen rol niet zomaar van zich afschudden. Voor de reiziger betekent dit alvast dat hij de gevangene blijft van verkeerd ingeschatte verbanden. Niet alleen snijdt zijn verwijt tegenover de officier geen hout; bovendien komt de veroordeelde, die plots zo bereidwillig zijn koffers draagt, hem als zijn *alter ego* net iets te na. Eens te meer blijkt hier in welke mate de reiziger door het gebeurde op sleeptouw genomen wordt. Gezien vanuit het vertekende perspectief van deze variante laat de novelle zich dan ook kennen als een grap, maar dan wel een van het kwaadaardige soort, waarbij de hermeneutische posities geperverteerd worden en de toeschouwer/toehoorder onvermijdelijk de gedupeerde is.

In de oorspronkelijke versie blijft deze afweer weliswaar binnen de realistische verhaalcontext, maar heeft toch wezenlijk dezelfde functie. We moeten ons dus door de aanvankelijke onverschilligheid van de reiziger niet om de tuin laten leiden: wat in de strafkolonie gebeurt, is voor hem alleen bestemd. Wie daar nog aan mocht twijfelen, weze aan de passage herinnerd waarin de officier op het ontwijkende antwoord van de reiziger dat hij het blad met de tekeningen van de vroegere commandant niet kan ontcijferen, antwoordt: "'Het moet nauwkeurig bestudeerd worden. Ook u zult het waarschijnlijk tenslotte wel kunnen lezen.'"(762-63) Voor dit lezen is, zoals we intussen weten, alleen het apparaat competent. Het antwoord van de officier kan bijgevolg enkel betekenen dat ook de reiziger onder de eg moet plaatsnemen. In de figuur van de officier treedt de reiziger de barbaarse belofte van een aan het mythische grenzende verlossing tegemoet. De weerzin die ze opwekt, is niet meer dan een dunne sluier waarachter een bedrieglijke fascinatie zich met moeite verschuilt. Eerst deze niet op te heffen tegenstrijdigheid van een imaginaire gerechtigheid, die de wet voor zich opeist en haar tegelijk verloochent, confronteert ons met de vraag naar de mogelijkheid van een 'andere' verlossing die nog niet direct in het verschiet ligt.

In afwachting daarvan is het misschien niet ongepast een blik te werpen op de historische context waarin de novelle thuishoort. We mogen niet vergeten dat onze reiziger, zoals in de tekst duidelijk gesuggereerd wordt, een vertegenwoordiger van de Europese cultuur is. Strafkolonies mogen dan al een oeroude instelling zijn, ze werden in het Europa van de 19e eeuw nog eens opnieuw uitgevonden. De Dreyfus-affaire, om slechts dit voorbeeld te noemen en het was Kafka niet onbekend, heeft omstreeks 1900 deze onterende realiteit met één slag weer in de openbaarheid gehaald.[15] Hoezeer ze ook naar de

[15] Zie: Walter Müller-Seidel, *Die Deportation des Menschen. Kafkas Erzählung* In der Strafkolonie *im europäischen Kontext*, Stuttgart 1986.

uiterste rand van de beschaafde wereld verwezen werd, toch weerspiegelt de strafkolonie de structuur van de westerse *Logos*, waarvan de centrale aporie altijd al de verhouding van de wet tot het subject was en vandaag nog is. En deze verhouding is geheel verweven met de geschiedenis van de teksten, van het lichaam en van het schrift.

Daarom ook is de opvatting, als zou in de *Strafkolonie*, en wel in de figuur van de nieuwe commandant, de aflossing van de oude wet door een nieuwe, schijnbaar humanere praktijk worden verbeeld, eerder naast de kwestie. De nieuwe commandant speelt in de novelle slechts een marginale rol, die daarenboven nog vertekend wordt door de commentaar van de officier. Of zijn rechtsopvatting humaner mag heten, is op zijn minst twijfelachtig. Kafka spreekt ook hier geen mening uit, maar beperkt er zich toe de toestand van de wereld te beschrijven zoals deze zich aan zijn blik vertoont. In een aforisme van latere datum verwoordt hij dit standpunt op de volgende wijze: "In de oude geschiedenis van ons volk worden verschrikkelijke straffen vermeld. Daarmee is weliswaar niets tot verdediging van het huidige strafsysteem gezegd."[16] Het overhaaste vertrek van de reiziger laat de vraag naar het humane eerder aan de lezer over, voor het geval die de moed opbrengt voor de wet van déze tekst stand te houden.

[16] *Huwelijksvoorbereidingen*, p. 178.

HOOFDSTUK VI:

HET LABYRINT VAN DE SCHIJNGESTALTEN

"In meiner Kanzlei wird immer noch gerechnet, als finge mein Leben erst morgen an, indessen bin ich am Ende."
Dagboek, 12 februari 1922

1. *Eerste rondgang*

Kafka heeft ons naast de door hemzelf gepubliceerde en de talrijke ongepubliceerde verhalen en schetsen ook drie romans nagelaten. Ze zijn alle drie onvoltooid gebleven, maar misschien ligt daarin eerder winst dan verlies; in elk geval weerspiegelen ze elk op hun wijze een afgesloten universum: het zijn echte epische werken, waarin de rijkdom aan details en een elementair beeldend vermogen elkaar in evenwicht houden. Bij een vluchtige vergelijking valt daarbij vooral de verschuiving in de ruimtelijke vormgeving op. In de roman *Amerika* strekt de handeling zich nog over een heel continent uit. *Het proces* daarentegen speelt in een niet nader genoemde grote stad, maar men kan daar zonder veel moeite Praag in herkennen en achter de overal aanwezige kanselarijen daagt het beeld op van het Oostenrijks-Hongaarse Keizerrijk met zijn loodzware bureaucratie. In *Het slot* nu is elke voor de hand liggende referentie nagenoeg verdwenen: ook al heeft men de plaats kunnen aanwijzen die voor deze roman model stond, het dorp waar het verhaal zich afspeelt, is een anonieme plek waar geen reiswijzer naartoe leidt; van het begin af wordt duidelijk gemaakt dat de afstand die de bewoonde aarde van dit dorp scheidt, met geen maat kan gemeten worden. De uiterste ascese die de auteur zichzelf hier oplegt, blijkt nochtans lonend; zij maakt ruimte vrij voor het onbegrensde mogelijke van een andere wereld, die wij tegelijk toch als de onze kunnen herkennen.

Het slot ontstond tussen januari en augustus 1922 tijdens een lang ziekteverlof, dat de schrijver voor een groot deel buiten Praag doorbracht, eerst in de verlatenheid van het winterse Spindelmühle in het Reuzengebergte, later bij zijn zuster Ottla te Plana in het Böhmerwald. Verlost uit de als maar drukkender geworden sleur op kantoor, vond hij daar een nieuw elan. Het tempo van Kafka's creatieve arbeid kent inderdaad vele aarzelingen, wordt bezwaard door lange periodes van literaire inactiviteit. Maar eenmaal begonnen vordert het werk snel: zes maanden zou hij het volhouden. Meer nog dan in de jaren voordien is deze roman voor de kunstenaar die Kafka altijd wil zijn, een omvangrijke poging om alsnog voet te krijgen in het bestaan. Dat in zijn ogen die poging uiteindelijk mislukte, doet niets af aan de betekenis ervan, is veeleer een aanwijzing dat de auteur zich hier een taak heeft angemeten die tot over de grenzen reikt van wat literatuur tot dan toe vermocht. Het loon daarvan is het fragment. De roman is een torso gebleven: het einde ontbreekt.

Vijf jaar vroeger, kort nadat zijn longkwaal was uitgebroken, had Kafka al eens bijna een jaar op het land verbleven, in Zürau, waar zijn zuster toen een boerderij uitbaatte. Het voor een stadsbewoner vreemde plattelandsbestaan met zijn atavistische leefgewoonten, zijn gesloten gezichten, zijn boerse waardigheid fascineerde hem - brieven en dagboeken uit die tijd maken dat duidelijk - en het heeft zonder twijfel mee de sfeer bepaald die over dit boek hangt: meer dan andere geschriften van Kafka ademt het dorpslucht. In de levensgemeenschap van het dorp heeft Kafka een beeld ontworpen waarin alle uitgesproken en onuitgesproken intenties van de roman als het ware hun natuurlijk correlaat vinden, maar tegelijk ook helemaal getransformeerd worden. Het zou dan ook verkeerd zijn hier gewoon de geslaagde weergave te zien van een problematiek die we van elders reeds menen te kennen, een biografische of maatschappelijke of zelfs een metafysische en religieuze, hoezeer de roman daar ook mee te maken heeft. *Het slot* is niet alleen het verhaal van een zoektocht, een 'queeste' in die zin dat het een oeroud model van menselijk handelen opneemt; het is ook in zijn eigenlijke schriftuur een echte 'enquête' naar verborgen, d.w.z. meestal verdrongen of verzwegen bewustzijnsconflicten. Die hebben dan wel in de toestand van de wereld zoals hij onder de handen van de mens geworden/verworden is, hun neerslag gevonden.

Het dorp vertegenwoordigt aldus een basisstructuur van menselijke verhoudingen die tot voor enkele generaties niet alleen de samenlevingsvorm van onze maatschappij grotendeels beheerste, maar vooral ook diep in de fantasmen en de verbeelding van de westerse mens verankerd ligt. Nu de dorpen door *World's Technology* en door een niet te stuiten veramerikanisering van het oude continent verwoest zijn, zal men nog in lengte van dagen aan Kafka's *Slot* kunnen aflezen hoe onze groot- en overgrootouders geleefd hebben; want wij zijn allen van daar afkomstig. Dit is geen uitnodiging tot nostalgie, alsof Kafka een idyllische reconstructie op het oog zou hebben gehad. Hij toont ons integendeel een wereld in verval of liever, hij grijpt haar op het ogenblik waarop ze aan haar eigen premissen ten onder gaat. En hij werpt vragen op die ook morgen nog verkeerd zullen beantwoord worden.

Men kan *Het slot* op het eerste gezicht probleemloos lezen als een realistische boerenroman, met een onfeilbare blik voor lokale kleur en een ongewoon scherpe psychologische waarneming. Ook de humor, die het leven kruidt en het verhaalde waarachtig maakt, ontbreekt niet. Maar daarnaast doet het denken aan de oude *spelen van sinne* met hun allegorische gestalten, die aan de pelgrimerende ziel de weg hogerop wijzen. Tegen die achtergrond krijgen de niet aflatende pogingen van de landmeter K. om in het slot door te dringen en daar zijn aanstelling door de graaf - die de veelzeggende naam "Westwest" draagt - persoonlijk bevestigd te zien, een dieper reliëf. Het contrast met de sjofele verschijning van de man die meteen bij zijn nachtelijke aankomst in het dorp voor landloper en indringer wordt gescholden, wordt er des te scherper door. K. zelf werkt trouwens deze interpretatie vrijwel onmiddellijk in de hand, wanneer hij aan de kleren van Barnabas, de bode die een brief uit het slot brengt, een mysterieuze glans wil waarnemen, alhoewel ook hij merkt dat het maar een gewoon boerenpak is: "Hij was haast in het wit, het kostuum was wel niet van zijde, het was een winterkostuum als alle andere, maar de fijnheid en de feestelijkheid van een zijden kostuum had het."(206)

Dit gebeurt op de avond van de eerste dag na K.'s aankomst. Eén dag in dit dorp volstaat om aan het slot een aantrekkingskracht te verlenen die elke ontmoeting, elk door de bewoners gesproken woord kleurt, als ging het om berichten uit een hogere wereld die rechtstreeks voor hem bestemd zijn. De persoon van de graaf zelf verdwijnt al gauw uit K.'s gezichtseinder. Verborgen achter het raadsel van een naam die de bewoners slechts met moeite over de lippen krijgen, blijft de graaf hier de grote afwezige, vertegenwoordigt hij zowat de uiterste rand van het verhaal, als datgene wat iedereen weet maar waarover niet gesproken wordt. Heel de aandacht van K. gaat daarom naar Klamm, de hoge ambtenaar wiens handtekening onder die eerste brief stond die Barnabas bracht. Maar hoewel hij wel degelijk in het dorp verkeert, blijkt ook Klamm een ongrijpbare figuur te zijn. Vertelsels, zelf weer uit onbevredigde verlangens en vrouwendromen geweven, hebben van Klamm in het dorp een demiurg gemaakt, en van zijn gunst lijkt het welzijn van de hele gemeenschap af te hangen. Frieda, de kleine kelnerin uit het 'herenlogement' die als de minnares van Klamm bekend staat, zegt zelf van de twijfelachtige relatie die zij weldra met K. aangaat: het is Klamms werk. En als ze hem later weer verlaat en K. over haar plots vervlogen schoonheid namijmert, overvalt hem de gedachte: "Of was het feit dat zij weg was van Klamm, de eigenlijke oorzaak van haar verval? De nabijheid van Klamm had haar zo ongelofelijk verleidelijk gemaakt, in die verleidelijkheid had zij K. tegen zich aan getrokken, en nu verwelkte zij in zijn armen."(290)

Men kan in Frieda geredelijk een verlopen Beatrice herkennen en in de geciteerde passage een ironische commentaar op de slotregels van de *Faust* : "Das Ewig-Weibliche zieht uns hinan." Maar wat brengt K. ertoe de dingen zo te zien als hij ze ziet? Welk ideaal leidt hem? Of werd hij het slachtoffer van een fatale woordspeling, toen hij in de nacht van zijn aankomst op de uitval van de kasteleinszoon, die hem zijn "Landstreichermanieren" voorhield, prompt repliceerde: "Maar houd u voor gezegd dat ik de landmeter ben die de graaf heeft laten komen"(192)? We komen het niet te weten. Zeker is dat zijn onderneming snel uitgroeit tot een levensproject: K. heeft zijn gezin, zo zegt hij, en zijn geboortestreek verlaten om in dit onbekend dorp een nieuw bestaan op te bouwen. Wanneer Frieda, als de situatie ondraaglijk geworden is, hem voorstelt te emigreren - onduldbaar woord dat, zo het in toepassing werd gebracht, de roman meteen zou vernietigen -, luidt zijn antwoord: "Wat zou mij anders naar dit troosteloze land hebben kunnen lokken dan het verlangen om hier te blijven?"(291) Het is alsof met de aankomst in dit dorp het verleden van K. afvalt, zijn geldigheid verliest en, afgezien van enkele vluchtige herinneringen die de afstand alleen maar groter maken, vergeten wordt. K.'s hele existentie gaat op in de bittere opdracht die hij - misschien - zelf uitgedacht heeft, maar die niettemin voor hem de dringend gezochte rechtvaardiging van zijn bestaan betekent. Gaandeweg wint de indruk veld dat het in dit verhaal dan ook om uitersten gaat, en wat graag zou de lezer bereid zijn in K. een andere *Elckerlijc* te zien en in het slot een doorzichtige allegorie te vermoeden, was het niet dat het bij Kafka precies die vermeende doorzichtigheid is die duizelig maakt.

Maar laten we een andere weg verkennen: die van het sprookje. In *Het slot* zijn er inderdaad ook sprookjesmotieven te vinden, of wat men daarvoor wil houden. De bedrieglijke verschijning van de bode Barnabas en de wisselende gedaanten van Klamm zijn daar voorbeelden van. De slotambtenarten slapen ook zeer veel, het slot lijkt wel op het betoverde kasteel van *Doornroosje*, waar het leven door een honderdjarige slaap is uitgevallen. En ook het dorp slaapt, afhankelijk als het is van de totaal ondoorzichtige en ongrijpbare, maar overal aanwezige administratie die in het slot haar schijnbare machtsbasis heeft. Dan is het nog maar een stap om in de landmeter de lang verwachte prins te zien die bevrijding brengt. Zo bekeken gaat het om meer dan alleen maar een oppervlakkige verwantschap. Elk sprookje heeft zijn bevrijder die orde op zaken komt stellen. Dit gaat niet vanzelf, hij moet hindernissen overwinnen, maar krijgt ook hulp, meestal van onbekende en weinig geachte medestanders. Uiteindelijk is er de beslissende confrontatie die de ommekeer bewerkt. Het lijkt er wel op alsof K. - niet Kafka - dit scenario van te voren heeft ingestudeerd. Van bij zijn aankomst leeft in hem het bewustzijn dat het om een krachtmeting gaat. Wanneer hij op de vierde dag van zijn verblijf in het dorp de burgemeester, die door Klamm als zijn onmiddellijke chef is aangewezen gaat opzoeken, ziet hij zich in gedachten als het ware in de rol van een sprookjesheld, ook al vecht hij voorlopig alleen voor zichzelf:

> "[...] de autoriteiten hadden, hoe goed zij ook georganiseerd mochten zijn, steeds slechts in naam van ver verwijderde, onzichtbare heren, ver verwijderde, onzichtbare dingen te verdedigen, terwijl K. voor

> iets zeer levends en nabijliggends streed, voor zich zelf; aanvankelijk bovendien uit vrije wil, want hij was de aanvaller; en niet slechts hij streed voor zich zelf, doch blijkbaar waren er ook andere krachten, die hij niet kende, maar waaraan hij op grond van de maatregelen der autoriteiten geloven kon, voor hem aan het werk."(232)

En toch blijft die aanvalslust in de grond een blind motief. Het is niets meer dan een kinderlijke trek in K., net als zijn herinneringen aan vroeger een overblijfsel uit de tijd waarin jongens een kerkhofmuur bestormen of elkaar uitdagend toeroepen: willen we vechten? De krachtmeting in *Het slot* is van een andere orde dan die van het sprookje.

Men heeft, om de figuur van de landmeter beter te vatten, nog andere parallellen uit de wereldliteratuur aangehaald: Odysseus de zwerver, Parsifal de reine dwaas, Faust de eeuwig strevende en last but not least Don Quichot, de man die zijn renteniersbaan verloren gaf om luchtkastelen na te jagen.[1] Dat is voor-

[1] Zie in dit verband de boeiende studie van: Marthe Robert, *L'ancien et le nouveau. De Don Quichotte à Franz Kafka,* Paris 1963. De schrijfster ontwikkelt daarin een stelling die kort samengevat op het volgende neerkomt. In *Het slot* zou Kafka zich tot taak hebben gesteld een bestand op te maken van de hele literatuur ("Kafka cherche à constituer une sorte de bibliothèque universelle, dépositaire du message des siècles", p. 203). K. is een andere Don Quichot die op zijn manier de boeken ondervraagt ("K. est donc l'arpenteur des livres comme Don Quichotte en est le chevalier errant", p. 199); maar hij staat ook voor de held uit een zedenroman of uit een populaire 'roman-feuilleton', hij is sprookjesheld en graalridder. Uiteindelijk wordt hij een tweede Odysseus en daarin vindt hij zijn ware rol ("il devient pour finir le suivant d'Ulysse qui, pour gagner de restaurer l'ordre, dut être comme lui un nomade et un Juste souffrant", p. 215). *Het slot* zou aldus een onderzoek zijn naar de olympische wereld van Homerus met haar evenwichtig en op het leven gericht normbesef. Kafka zou, op een kritiek moment van zijn leven, aan dit

waar geen gering gezelschap. En inderdaad, het ontbreekt bij Kafka niet aan literaire reminiscenties. Zijn werk zit vol allusies op oude mythen en sagen. Misschien horen daar ook de personages bij met een kreupele voet of die hinken; in *Het slot* komen er zo maar liefst vier voor. En zoals in zijn andere teksten speelt hij ook hier een subtiel spel met namen: van K.'s twee assistenten draagt de een de naam van koning Arthur, de ander die van de profeet Jeremias; de dorpssecretaris van Klamm heet Momus, naar de Griekse god van spot en kritiek; in de waardinnen van de "Brückenhof" en de "Herrenhof" heeft men Calypso en Circe herkend. Maar het gaat bij dit soort toespelingen telkens om brokstukken en restanten, om afbraak dus. In dit opzicht is Kafka een mythograaf van eerder twijfelachtig allooi.

Wat ons hier bezighoudt, is dan ook de vraag hoe Kafka tegenover deze literaire tradities staat. Het kan er bij hem niet om gaan gewoon nog eens een nieuwe, zij het een eigentijdse versie toe te voegen aan de reeds bestaande. Kafka speelt niet voor copywriter in dienst van een maatschappij die haar oorsprong is kwijtgeraakt, hij is geen handig arrangeur van oude sagen ten behoeve van een verwend fin-de-siècle-publiek zoals Wagner er een was, hij heeft geen

project de voorkeur hebben gegeven, liever dan het grootse maar verschrikkelijke offer van Abraham te imiteren: ("en un moment critique de sa vie, où, converti au sionisme et prêt à partir pour la Palestine, il cherchait encore à comprendre et à classer les monstrueuses archives en possession du comte West-West (archives de la culture occidentale dont il ne pouvait exclure tout à fait ses propres livres)", p. 304). - Je zou op bijna elke bladzijde van dit boek vraagtekens willen plaatsen, maar tegelijk is de argumentatie zo rijk en genuanceerd (op gevaar af zichzelf tegen te spreken) dat het voor wie over *Het slot* wil schrijven moeilijk wordt zich aan de fascinatie ervan te onttrekken. Zie ook p. 161, noot 6.

boodschap aan de vage behoefte die na het debâcle van de Eerste Wereldoorlog een aantal schrijvers ertoe bewoog het literaire erfgoed van onze geschonden cultuur te reactiveren. Daarvoor zijn zijn twijfels aan de legimitatie van de literatuur tegenover de dingen waar het op aankomt te groot, hoewel hij weet dat hemzelf geen andere legitimatie vergund is. Het is vanuit die houding - die geen onmacht is, maar uiterste onaanzienlijkheid - dat Kafka aan *Het slot* schrijft, alsof het in een zeer letterlijke zin het laatste boek was dat alsnog moet geschreven worden. Wat de landmeter K. van al zijn illustere voorgangers, Don Quichot misschien uitgezonderd, onderscheidt, is het feit dat de wereld waarin hij terechtkomt, radicaal geseculariseerd is en de luister van de mythen moet ontberen. De literaire traditie is voor Kafka een vervallen behuizing, maar zij geeft hem onderdak, zeer ontoereikend weliswaar.

Men kan verwonderd opkijken van de bewering dat het in *Het slot* ook om de literatuur gaat. We zouden dit met een lachertje kunnen afdoen door vast te stellen dat er daar zeer veel papier wordt zwart gemaakt. Maar zo gek is dat niet. Bij zijn kennismaking met Momus, die een verslag wil opmaken van K.'s vergeefse poging om Klamm bij diens wachtende slee te verrassen, laat K. zich ontvallen: "'Er wordt hier veel geschreven,' zei K. en keek uit de verte naar de akten. 'Ja, dat is een slechte gewoonte,' zei de heer en lachte [...]"(271) In het slot wordt elke daad, elk initiatief, elke handeling minutieus opgetekend en zo tegelijk ook ontkracht. *Het slot* is daarom geen *Odyssee*, is niet meer het verhaal van grote daden, maar de neerslag van hun afspiegeling in protocollen en schriftstukken. Wat daarbuiten valt, gaat zijn gang bij nachtelijke fluistergesprekken in muffe en schaars verlichte boerekamers. "Schloßgeschichten werden erzählt"(342), zegt Amalia, de zwijgzame zuster van Barnabas zeer terecht. De literatuur houdt van oudsher de herinnering aan de daden van de mens levendig. Maar hier zijn de verhalen tot dorpsgeruchten vervallen en de boeken gedegenereerd tot dossiers die een vermoeide ambtenaar achteloos opslaat. Het slot zelf is geen graaltempel, zelfs geen ingebeeld kasteel meer: het is de archiefkamer (de databank?) van de mensheid. Daar heeft ze zichzelf gereproduceerd en ligt ze ter inzage voor het oog van een abstract geworden godheid.

Wat blijft er na deze grondige boedelopruiming nog over? Twee dingen: een omvangrijk manuscript, dat de auteur op een dag onafgewerkt terzijde schuift en voorgoed in de lade opbergt (ook hij komt niet aan zijn slot toe), én een verhaal dat zichzelf in de vernieling schrijft. Maar dat paradoxaal genoeg tevens een onovertroffen staal van grote epiek oplevert, en wel in de clowneske geschiedenis van een man die een kasteel bestormt omwille van een paraaf bij zijn naam. K. wil het absolute afdwingen op het ogenblik dat het zichzelf opheft. Precies die onmogelijke dialectiek geeft Kafka de kans zijn probleem te stellen in termen van een crisis die wij ook als de onze kunnen herkennen. Die termen zijn - naast andere - het conflict tussen archaïsche levens- en voorstellingsvormen en een technologisch geavanceerde maatschappij. Het psychodrama van de mens die op zijn bewustzijn vooruitgelopen is. Kafka laat zijn held verdwalen in een wereld waar de communicatie op de spits gedreven is. De post werkt voortreffelijk, maar de brieven die vertrekken komen een mensenleven te laat toe. Telefoons rinkelen ononderbroken, maar uit de hoorn klinkt een zoemen van verre kinderstemmen dat op gezang lijkt. Het slot zelf ligt in zichtbare nabijheid, maar wanneer K. de weg erheen inslaat, loopt hij verloren in het ondergesneeuwde labyrint van het dorp.

Het hele verdere verloop van de roman is niets anders dan het uitdijen in steeds wijdere kringen van deze beginsituatie: waar de coördinaten van ruimte en tijd niet meer kloppen, loopt elk contact uit op een schijncontact. K.'s verblijf in het dorp komt neer op een misverstand en de bewijslast dat hij bestaat, rust op hemzelf. Een niet meetbare tijd geleden verliet K. de veilige beslotenheid van huis en gezin; hij liet zich weglokken naar het niemandsland van zijn eigen vermeend recht, waar de uitgediende schijngestalten van de allegorie hem een weg wijzen die nergens heen voert. Aan het eind is hij uitgeteld, uitgeschakeld door het alibi van een perfecte tegenstander die zijn eigen futiliteit als wapen hanteert. Het slot zal hij wel nooit bereiken, want het is intussen verdwenen in de nevelen van een slechte oneindigheid: Kafka's roman is de beschrijving van een dwaaltocht. Tragedie of komedie, naar believen. En mocht K. toch ooit in het slot doordringen, dan loopt hij beslist de kans om tussen de vergeelde paperassen vroeg of laat op het protocol te stoten dat het relaas van zijn eigen leven bevat. Zoals men weet, heeft Cervantes in het tweede deel van de *Don Quichote* deze aardigheid al eens opgedist. Van boeken gesproken!

2. *Aankomst*

De aanvang van *Het slot* voert de lezer op een ogenschijnlijk zo natuurlijke wijze binnen in de wereld van het verhaal dat hij eerst bij een tweede lectuur merkt dat die aanhef vragen oproept omtrent het narratief statuut van de meegedeelde feiten.

> "Het was laat in de avond toen K. aankwam. Het dorp lag diep onder de sneeuw. Van de berg waarop het slot stond was niets te zien, hij was omgeven door mist en duisternis; zelfs niet het zwakste schijnsel duidde aan waar het grote slot lag. Lange tijd stond K. stil op de houten brug die van de grote weg naar het dorp leidde, en keek omhoog in de schijnbare leegte."(191)

Het tableau is in al zijn beknoptheid volledig, met de summiere geografie van dorp en slot het terrein afgebakend binnen de enge grenzen waarvan de hoofdpersoon zal evolueren. Zo te zien volgt de beschrijving de beweging van K.'s blik, die vanop de brug de omgeving opneemt. Verrassend is evenwel dat deze blik in de volslagen duisternis een punt tracht te fixeren dat, hoewel niet waarneembaar, toch reeds door een opvallende eigenschap bepaald is: "het grote slot". De voor de hand liggende verklaring luidt: K. weet dat in dit dorp een slot ligt en zet het beeld ervan voor zich uit in de "schijnbare leegte" van de donkere nacht. Wanneer hij echter de volgende morgen bij het verlaten van de herberg het slot in de verte ziet liggen, blijkt dit niet meer te zijn dan een verzameling losse bouwsels met een toren. Wel wordt er gezegd dat het aan zijn verwachtingen beantwoordt, maar "als je niet geweten had dat het een slot was, dan had je het voor een stadje kunnen houden."(196) De omschrijving 'het grote slot' past daar niet bij; zij stamt uit een register dat niet met K.'s nuchtere waarneming overeenstemt. Er lijkt hier nog een andere stem in het spel te zijn, die van elders komt en niet zo gemakkelijk gelocaliseerd kan worden. Niet een echt slot, maar een naam vult de leegte op die de in de nacht starende K. van zijn onzichtbaar doel scheidt, en die naam blijkt weldra meer macht te bezitten dan welke realiteit ook. Wie enigszins wil begrijpen wat er in deze roman omgaat, zal met dit gegeven rekening moeten houden.

Weet K. wel echt dat in dit dorp een slot ligt? Zeker is dat niet. Alleszins is niet hij de eerste die op de avond van zijn aankomst dit fatale woord uitspreekt, maar wel Schwarzer, de jonge man die hem uit zijn slaap wekt en zich als de zoon van de kastelein voorstelt. Het is in elk geval moeilijk uit te maken of de vraag van K.: "In welk dorp ben ik verdwaald geraakt? Is hier dan een slot?"(191), onwetendheid uitdrukt of deze gewoon voorwendt. Maar er is meer: K. levert ook nooit het bewijs dat hij landmeter is, nu niet en later niet. Het is denkbaar dat hij op grond van de door Schwarzer meegedeelde feiten ter plekke de uitnodiging van de graaf om als landmeter hier te werken ensceneert. Dat is nog geen reden om in hem, zoals sommigen gemeend hebben, zonder meer een leugenaar en een bedrieger te zien, want die schijnbaar zo logische gevolgtrekking is evenmin bewijsbaar. Weliswaar kunnen op die manier andere tegenstrijdigheden opgeklaard worden, met name de kwestie van de apparaten en van de assistenten die K. beweert te verwachten, maar die nooit opdagen. Zoals de lezer weet, meldt zich op de avond van de eerste dag dat zonderlinge stel Arthur en Jeremias bij K. aan; ze zijn door de slotoverheid gestuurd en geven zich uit voor K.'s vroegere assistenten. Zelfs K. heeft door dat dit een lachertje is; we zitten hier dan ook reeds midden in de dubbelzinnigheid.

Maar leggen we ons een ogenblik bij de hypothese neer dat K. inderdaad een bedrieger is of, om het bij de woorden van Schwarzer te houden, een landloper, geen landmeter zoals K. zegt te zijn. Dan staan we voor het merkwaardige feit dat de slotoverheid de komedie meespeelt. Door aan K. in de nacht van zijn komst in het dorp een twijfelachtige overwinning te gunnen verstrikt zij hem in een onontwarbaar net van tegenstrijdigheden. Het valt daarbij op dat de hele zaak snel wordt afgedaan en later nooit meer opgerakeld: K. geldt van nu af aan als de landmeter; iedereen in het dorp spreekt hem als zodanig aan, ook al krijgt hij nooit de kans zijn vermeend beroep metterdaad uit te oefenen. De vraag naar zijn identiteit verkommert en blijft in het verder verloop van het verhaal om zo te zeggen als onopgeloste rest achter.

Nog één keer wordt in de roman de term landmeter ter sprake gebracht en wel bij het bezoek dat K. op de vierde dag van zijn verblijf aan de burgemeester brengt. In de brief van Klamm hem door de slotbode Barnabas bezorgd, was hem meegedeeld dat de burgemeester als zijn onmiddellijke chef zou fungeren. K. verneemt nu dat er ooit - jaren geleden, zegt de burgemeester, maar tegelijk wekt zijn uitleg de indruk dat de zaak nog hoogst actueel is - tussen de gemeenteraad en de slotautoriteiten een lang aanslepende betwisting heeft plaatsgevonden omtrent de aanstelling van een landmeter. Het relaas van de burgemeester werpt enig licht op de ingewikkelde bureaucratische structuur van het slot. Het afwijzende antwoord van de gemeente kwam namelijk door een vergissing bij de verkeerde afdeling terecht en bovendien was de inhoud van de akte onderweg verlorengegaan. Op de omslag stond alleen vermeld dat het over de benoeming van een landmeter ging. De fout kon hersteld worden; maar heeft het bestuurlijke apparaat zich eenmaal in beweging gezet, dan weet het van geen ophouden, zeker niet onder de handen van een onvermoeibaar ambtenaar als Sordini er een is. De vraag nu of het geval K. met deze controverse verband houdt, blijft ook hier zonder antwoord; verontrustend is vooral het feit dat in de loop van de procedure de inhoud van de term landmeter als het ware vervluchtigt. Dat verklaart waarom K.'s onverwachte aanwezigheid als storing genoteerd wordt. Voor de overheid vertegenwoordigt hij slechts het doublet van een naam die lang voor zijn aankomst in de akten van het slot rondspookte. En zo lijkt het er wel op alsof K.'s verschijnen in het dorp slechts de epiloog is op een zaak die sinds 's Heren heugenis haar beslag heeft gekregen.

Bij wijze van besluit kan hier de vraag gesteld worden of het echt nodig is de gesignaleerde tegenstrijdigheden te verklaren vanuit een gepostuleerde logische samenhang. Kafka's vertelstrategie lijkt er eerder op gericht te zijn onze voorstelling omtrent persoon, tijd en ruimte in de war te sturen. Gebruik makend van een opvallend traditionele narratieve techniek ondergraaft hij deze tegelijkertijd door kleine vervormingen, zonder nochtans in het fantastische genre te vervallen, waar de wetten van tijd en ruimte gewoon worden opgeheven. Zoals wij hier vastgesteld hebben, spelen zulke vervormingen vooral bij de aanloop van het verhaal een belangrijke rol. Zij worden nog versterkt door wat men atmosferische elementen zou kunnen noemen: de eentonigheid van het sneeuwlandschap, het schemerdonker in de boerenwoningen, het verlies van het tijdsbesef, de fysieke uitputting, de misleidende nabijheid van het slot waar nochtans - dat ondervindt K. al dadelijk bij zijn eerste tocht - geen weg schijnt heen te leiden. Intussen lijkt alleen hij last te hebben van de omgeving. Gardena, de waardin van de herberg waar hij de eerste dagen verblijft, heeft daar een eenvoudige verklaring voor: K. is een vreemde in het dorp en dat maakt overgevoelig. Misschien geeft zij daarmee, zonder dat het zo bedoeld is, tegelijk een vingerwijzing aan die andere al te nieuwsgierige buitenstaander - de lezer. Moet voor de werkelijk vreemde alles vreemd worden, dan geldt dit ook voor hem.

3. *Protocollen*

Reeds op de avond van zijn aankomst in het dorp krijgt K. de gelegenheid kennis te maken met een eigenschap van het slot die men in dit godvergeten oord niet zou verwachten. Nadat hij Schwarzer verrast heeft met de mededeling dat hij de door de graaf ontboden landmeter is, reageert deze prompt met een tegenzet:

> "Maar de jonge man kwam spoedig tot bezinning en zei tegen de herbergier op een toon die voldoende gedempt was om de schijn te wekken dat hij er rekening mee hield dat K. sliep, en luid genoeg om verstaanbaar voor hem te zijn: 'Ik zal telefonisch informeren.' Wat? In deze dorpsherberg was ook al telefoon? Ze waren er voortreffelijk geoutilleerd. In dit speciale geval was K. er verbaasd over, al had hij het in het algemeen wel verwacht." (192)

"Man war vorzüglich eingerichtet": wat dit in de praktijk betekent wordt meteen gedemonstreerd in het nu volgend telefoongesprek, in aanwezigheid van de waard en de enkele boeren in de gelagkamer:

> "Het verhaal van Schwarzer gaf hem met zijn mengsel van boosaardigheid en voorzichtigheid een voorstelling van de, om zo te zeggen diplomatieke scholing, waarover in het slot zelfs ondergeschikte figuren als Schwarzer met gemak beschikten. En ook aan ijver ontbrak het daar niet; de centrale kanselarij had nachtdienst. En gaf blijkbaar zeer snel antwoord, want daar belde Fritz al."(193)

De snelle afwikkeling van zijn zaak op dit nachtelijk uur geeft K. het gevoel dat hij gemakkelijk contact zal krijgen met het slot. Maar die indruk is bedrieglijk. De burgemeester zal hem later uitleggen waarom:

> "Er is geen bepaalde telefoonverbinding met het slot, geen centrale, die gesprekken van ons doorverbindt; als men van hier uit iemand in het slot opbelt, gaat daar de bel van alle apparaten van de laagste afdelingen, of liever, hij zou bij allemaal gaan, als niet, zoals ik met zekerheid weet, bij haast allemaal de belinrichting afgezet was. Af en toe heeft een oververmoeide ambtenaar de behoefte zich wat te verstrooien, in het bijzonder 's avonds of 's nachts, en schakelt de belinrichting in; dan krijgen wij antwoord, uiteraard een antwoord dat niets anders dan scherts is."(243-44)

K. heeft dit intussen zelf al kunnen ondervinden, toen hij op de tweede avond van zijn verblijf met het slot telefoneerde en zich daar als de - hypothetische - oude assistent Josef aanmeldde. Het feit dat hier scherts met scherts gepareerd wordt, geeft enig idee omtrent de ware aard van de onzichtbare barrières die de toegang tot het slot bewaken en die door een list als deze eerder versterkt dan overwonnen worden.

Dit leidt tot de vraag op welke wijze en langs welke kanalen de communicatie met het slot precies verloopt. Optisch contact is er nauwelijks, zeker niet met de hogere ambtenaren, de heren van het slot, zoals ze door de waard van de "Herrenhof", waar zij hun zaken met het dorp afhandelen, genoemd worden. K.'s verzoek om in het herenlogement te overnachten wijst de waard af met het argument "dat zij niet in staat zijn, althans onvoorbereid, de aanblik van een vreemdeling te verdragen"(215), een stelling die naar het einde toe van de roman door de groteske Bürgel-episode ten overvloede zal geïllustreerd worden. Zo K. al eens iets te zien krijgt, dan gebeurt dit in uiterst bevreemdende omstandigheden. Zo mag hij van Frieda, met wie K. op diezelfde avond kennismaakt, wel door het in de deur aangebrachte kijkgat naar Klamm loeren, maar zowel Frieda als de waardin van de "Brückenhof" maken hem later duidelijk dat de gedachte alleen al aan een onderhoud met zijn superieur volkomen uitgesloten is. Het zien van Klamm werkt derhalve even misleidend als de blik op het in de morgenzon oplichtende slot; ook de zichtbare nabijheid van de dingen kan de werkelijke afstand enkel maar vergroten.

Wat de formele contacten met het slot betreft, die worden door ondergeschikten bezorgd: de bode Barnabas, de burgemeester, de secretarissen. Deze contacten hebben het onmiddellijke voordeel dat schriftelijke stukken hier een rol spelen: brieven, akten, protocollen. Hoe gering ook dit voordeel voor de betrokkene wel is, kunnen we aan de twee door Klamm ondertekende brieven aflezen waarin K. in zijn landmetersambt bevestigd wordt. Bevestigd is reeds te veel gezegd, want de termen waarin ze gesteld zijn, blijven zeer algemeen en bovendien is hun statuut onduidelijk. Volgens de burgemeester moeten zulke brieven niet als een ambtelijk schrijven opgevat worden, wat dan weer niet wil zeggen dat hun betekenis nihil zou zijn. Het gaat hier niet veel anders als met de telefoongesprekken; immers

> "al deze uitlatingen hebben geen ambtelijke betekenis; als u ze een ambtelijke betekenis toeschrijft, vergist u zich; daarentegen is de particuliere betekenis ervan in vriendschappelijke of vijandelijke zin zeer groot, meestal groter dan een ambtelijke betekenis ooit zou kunnen zijn."(244)

De beschrijving die Olga in het lange vijftiende kapittel van de bodedienst van haar broer geeft, wekt daarenboven het vermoeden dat het om oude, lang voordien geschreven brieven gaat die door een willekeurige klerk van onder een stapel papieren te voorschijn gehaald worden met de opdracht ze aan K. te bezorgen. In het slot liggen de brieven als het ware poste-restante te wachten voor het geval dat zich een gegadigde mocht aanbieden. Hun inhoud is dan nog nauwelijks relevant te noemen, hij valt samen met het materieel substraat dat hun bestelling - in vriendschappelijke of vijandige zin - door een bode mogelijk maakt; de invulling wordt aan de betrokkene overgelaten. Daarop doelt de burgemeester, wanneer hij tot K. zegt: "de bewijslast voor het feit dat u benoemd bent, rust op u."(242)

Anders is het gesteld met de protocollen. Hoewel ook die in sommige gevallen slechts half-ambtelijke waarde hebben, wordt van de protocollen toch gezegd dat ze de enige betrouwbare verbinding met het slot uitmaken. Anderzijds mogen ze door buitenstaanders, dus ook door de betrokkene zelf, niet gelezen worden en ook de ambtenaren hebben er nauwelijks aandacht voor: "Blijf uit mijn buurt met jullie processen-verbaal!"(275), pleegt Klamm te zeggen. De communicatieve waarde van de protocollen blijkt even problematisch te zijn als die van de telefoongesprekken en de brieven; het is dan ook nutteloos daar verder op in te gaan. Maar ze werpen wel een licht op dieperliggende mechanismen en het verrast daarom niet dat de roman een uitvoerig relaas bevat van de opname van zulk een protocol. In het negende kapittel wil Momus, de dorpssecretaris van Klamm, K. enkele vragen stellen om zijn verslag van de gebeurtenissen van die namiddag aan te vullen; zoals bekend hebben die betrekking op de episode met de slee. Op K.'s vraag of dit hem zal toelaten voor Klamm te verschijnen, antwoordt Momus negatief, de enige bedoeling is voor de dorpsregistratie van Klamm een nauwkeurige beschrijving van de feiten op te maken. Daarop ziet K. af van het verhoor.

"Es wird hier viel geschrieben", met deze opmerking tegenover Momus dringt K. zonder het te beseffen diep door in het wezen van het slot. Nergens manifesteert dit wezen zich zo duidelijk als in het protocol. Zijn eigenlijke functie schijnt erin te bestaan een nauwkeurige kopie van de realiteit te leveren. Dit is in omvattende zin te verstaan: op grond van de toelichtingen die Momus bij zijn taak verstrekt, kan men terecht vermoeden dat niet alleen deze ene namiddag, maar dat het hele doen en laten van K. in het dorp dag voor dag volledig geregistreerd wordt, uiteraard met de hulp van tipgevers en handlangers zoals Gardena en de onderwijzer. De vraag of zoiets mogelijk is, wordt in de roman niet opgeworpen; veeleer schijnt zulk een eis van volledigheid een aan het mythische grenzend, onuitgesproken axioma van de slotautoriteiten te zijn. En het feit dat op nagenoeg elke bladzijde van de roman gedemonstreerd wordt hoe bij deze sisyfusarbeid pijnlijke nauwgezetheid in labyrintische verwarring uitmondt, is daarmee geenszins in tegenspraak.

Indien de hier geformuleerde hypothese klopt, dan moeten protocollen niet eens gelezen worden om macht uit te oefenen: door dit totalitarisme van het geschrevene wordt het individu gereduceerd tot een afdruk. Waar brieven om invulling vragen en zo tenminste in schijn nog alternatieven openlaten, zijn de protocollen een eindprodukt, afgestorven letter, neerslag van een op de spits gedreven, in haar tegendeel verkeerde *mimesis.* Het resultaat daarvan voor K. is niet minder twijfelachtig dan zijn schijnbare erkenning als landmeter op de avond van zijn aankomst: het protocol maakt hem 'aktenkundig'. Wil dit zeggen dat hij door een schriftstuk bewijsbaar wordt, dan ziet hij zichzelf tegelijk ook 'ad acta' gelegd. Momus is een sinistere suppoost, die over K.'s bijzetting in het archief waakt.

Natuurlijk is het niet deze bevestiging die hij van de overheid verlangt. Het slot betekent voor hem een hoogste instantie en zijn aanspraken op erkenning zijn van een andere aard. K. hecht nog onvoorwaardelijk geloof aan de platonisch-allegorische structuur van de kosmos. Deze structuur zal hem dan ook haar maat opleggen en hem daarin gevangen houden: hij wordt gestraft met een beeld. Bij het einde van het negende kapittel breekt K. het gesprek met Momus af en verlaat de herberg. Maar niet vooraleer zich in zijn geest een beeld heeft vastgezet, niet van het slot, nee, van Klamm, de onbereikbare adelaar waarmee uitgerekend de waardin hem eens vergeleken heeft. Beelden zijn in het *Het slot* eerder zeldzaam; de betekenis van deze korte passage is dan ook niet te onderschatten. Ze heeft de waarde van een mise-en-abyme waarin de roman als in een spiegel zijn transcendentale begrenzing aanwijst. Eén ogenblik lang vangt ook K.'s bewustzijn de weerschijn daarvan op en de werkelijkheid wordt er alleen maar troosteloozer door:

> "[...] dat alles hadden Klamm en de adelaar gemeen. Maar zeer zeker had dit proces-verbaal daar niets mee te maken, waarboven juist op dit ogenblik Momus een zoute krakeling in stukken brak, die hij zich bij het bier goed liet smaken en waardoor hij alle paperassen met zout en kummel bestrooide."(276)

4. *De coulissen van het imaginaire*

K.'s standplaats in de roman kan op het snijpunt van twee coördinaten gesitueerd worden, overeenkomstig de twee locaties waar het verhaal zich afspeelt of de twee termen die K.'s aandacht bepalen: landmeter en slot. De ene term is primair gericht op het actieterrein in het dorp, de andere term daarentegen roept een imaginaire voorstelling op die ver boven zijn empirisch correlaat uitstijgt. De beide componenten, zowel de reële als de imaginaire, zijn van bij het begin aanwezig; de gebeurtenissen tijdens de eerste avond tonen dat genoegzaam aan. Wat K. voor zijn aankomst in het dorp van beroep is, doet weinig ter zake; wezenlijk lijkt het feit dat zijn identiteit vorm krijgt op het ogenblik van zijn intrede in het verhaal. Dit is natuurlijk een voorlopige schematisering, want het is niet zeker of de termen 'reëel' en 'imaginair' zo duidelijk van elkaar kunnen onderscheiden worden, waarmee ook weer niet gezegd is dat wat K. in het dorp overkomt, niet echt gebeurd zou zijn. Maar het schema laat wel toe in het hoofdpersonage zoiets als een ontwikkeling te schetsen. Met de landmeteridentiteit gaat het snel bergaf: K. overweegt aanvankelijk gewoon dorpsarbeider te worden, aanvaardt dan de post van conciërge op de school, vereenzelvigt zich later met de pariafamilie van Barnabas; aan het eind blijft hem nog slechts de keuze tussen het bed van Pepi en de paardestal van Gerstäcker.

De imaginaire identiteit kent een minder duidelijk verloop; zij is in wezen een onvatbare grootheid. Maar hoe meer K. door de dwang van de gebeurtenissen van zijn oorspronkelijk doel wordt afgewend, des te sterker doortrekt de imaginaire dimensie met haar fluidum de woorden en de dingen. In dit opzicht nu heeft het beeld van de onbereikbare Klamm een sterke signaalfunctie: voor het eerst manifesteert K.'s fixatie op het slot zich hier in haar ware gedaante, als een kracht die hem vooruit laat gaan en tegelijk en in gelijke mate van het doel verwijderd houdt: "Klamm was ver."(275)

Op deze uitspraak zal de roman niet meer terugkomen. Er moet alleen nog duidelijk worden gemaakt wat dit 'ver' betekent binnen de besloten wereld die in *Het slot* ter sprake wordt gebracht. We willen hiervoor twee passages aanhalen, het gesprek met Olga in het vijftiende kapittel en de ontmoeting met Bürgel in het achttiende. Het relaas van Olga over de bodedienst van haar broer geeft K. de kans om als het ware door een telelens een blik in het binnenste van het slot te werpen. Wat hij te zien krijgt is niet opwekkend. Het blijkt dat Barnabas grote twijfels koestert omtrent de persoon van Klamm, aan wiens afdeling hij is toegewezen. Er zijn over Klamms uiterlijk tegenstrijdige berichten in omloop, met het gevolg dat Barnabas niet weet of de functionaris die hem wenkt ook wel echt Klamm is, hoewel andere boden hem als dusdanig aanwijzen. Dat doet hem verzuchten: "De ambtenaar lijkt wel heel veel op Klamm; zou hij in een eigen bureau zitten, aan zijn eigen lessenaar, en zou op de deur zijn naam staan - ik zou geen twijfel meer koesteren."(324-5)

Kinderlijke veronderstelling, kun je met Olga zeggen. En toch: misschien vertegenwoordigt Klamm in het onwezenlijk vertoon dat de kanselarijen te zien geven, niets meer dan de echo van een naam, de hardnekkigheid van een gerucht, dat met Klamms ware identiteit zo weinig samenvalt als het gelaat dat K. door het kijkgat in de gelagzaal van de "Herrenhof" heeft gezien. Een naambordje op de deur zal die twijfels natuurlijk niet wegnemen. Zeker niet wanneer men nu uit Olga's mond verneemt hoe - naar het zeggen van Barnabas - de vertrekken waar hij komt, er van binnen uitzien. We moeten de betreffende passage in extenso citeren:

> "Staat Barnabas eigenlijk wel in dienst van het slot, vragen wij ons dan af; zeker, hij gaat naar de bureaus, maar zijn de bureaus het eigenlijke slot? En zelfs als er bureaus tot het slot horen, zijn dat dan de kanselarijen die Barnabas betreden mag? Hij komt in kanselarijen; maar die zijn toch maar een deel van het totaal, dan zijn er barrières, en daar weer achter zijn er weer andere kanselarijen [...] Deze barrières mag je je ook niet als een bepaalde grens voorstellen, daarop maakt ook Barnabas mij steeds weer opmerkzaam. Barrières zijn er ook in de bureaus, waar hij heengaat; er zijn dus ook barrières die hij passeert en zij zien er niet anders uit dan die waar hij nog niet langsgekomen is, en er valt daarom ook niet van

te voren aan te nemen dat zich achter deze laatste barrières principieel andere bureaus bevinden dan die waarin Barnabas al is geweest. Alleen, juist in sombere ogenblikken denk je dat."(319)

Wat hier in categorieën van ruimtelijke uitgebreidheid aanschouwelijk wordt gemaakt, betekent niets anders dan dat de binnenkant van het slot nog altijd de buitenkant voorstelt en een aanblik biedt die niet minder desolaat is dan het met zout bestrooide protocol van Momus. "Zimmerflucht" heet in het Duits zulk een reeks van opeenvolgende, door vleugeldeuren met elkaar verbonden vertrekken. Het enig verschil is dat er hier van barrières gesproken wordt. Deze barrières nu scanderen een beweging die, al was het maar in gedachten, de bezoeker verder lokt naar een imaginair vluchtpunt dat in het oneindige ligt. Wie deze beweging tot staan wil brengen, stoot vroeg of laat op een muur of op een afgrond. Niet de binnenste kamer, maar de barrière komt in de reeks logisch als laatste; zij is de weerstand, de differentie die het centrum op afstand houdt.[2] Daarom : muur of afgrond. Ofwel coulisse; wie daarin verdwaalt, wordt buiten spel gezet. Maar daarover zo dadelijk.

Wat gebeurt er als de barrières wegvallen? Daarop geeft de Bürgel-episode een antwoord. De feiten zijn gekend: op de avond van de vijfde dag wordt K. bij Erlanger ontboden, één van de secretarissen van Klamm. De scène speelt zich af in de "Herrenhof",

[2] De problematiek van het centrum kan ook anders benaderd worden: alhoewel de dorpsbewoners in het slot een regulerend centrum zien, is zijn functie in werkelijkheid enkel registrerend. Men kan daaruit afleiden dat het slot helemaal geen centrum heeft; de 'ex-centrische' naam van de graaf, Westwest, wijst in die richting. (Met dank aan Henri Bloemen, voor deze en andere suggesties bij de lectuur van *Het slot.*)

waar af en toe nachtelijke verhoren plaatsvinden. In tegenstelling tot de eindeloze ambtelijke weg van de protocollen levert het gesprek met Bürgel een voorbeeld van het uitzonderingsgeval. Wat tot nu toe onmogelijk was, lijkt plots binnen handbereik te liggen: de toegang tot het slot. De bedrieglijke sfeer in de enge kamer wordt niet zozeer gevoed door de verklaringen die Bürgel ten beste geeft dan wel door de narratieve context: K. heeft vooreerst in de gang te lang met Frieda staan praten, weet niet meer precies waar het bureau van Erlanger zich bevindt en opent de verkeerde deur. Het onderhoud zelf loopt langs die ondefinieerbare grens tussen slapen en waken waar ook de droom zijn wortels heeft. Het is bovendien nacht en op zulk een tijdstip is het moeilijk zoniet onmogelijk het ambtelijk karakter van de bespreking te handhaven, zegt Bürgel. Of deze bewering klopt, kan niet worden nagetrokken, evenmin als zijn verzekering dat hij in de zaak van K. incompetent zou zijn. Hoewel Bürgel de voordelen die een nachtelijk verhoor biedt, in algemene termen beschrijft, als een soort denkoefening, is deze onmogelijke mogelijkheid toch enkel en alleen op het geval K. berekend.

> "'Er is echter,' zei Bürgel, zijn gezicht nadenkend opgeheven naar het plafond, alsof hij in zijn herinnering zocht naar voorbeelden, maar ze niet kon vinden, 'er is echter toch ondanks alle voorzichtigheidsmaatregelen voor de partijen een mogelijkheid, om zich deze nachtelijke zwakheid van de secretarissen - nog steeds vooropgesteld dat het een zwakheid is - te nutte te maken. Zeker, het is een zeer zeldzame of liever haast nooit voorkomende mogelijkheid. Zij bestaat erin, dat de partij midden in de nacht onaangemeld komt.'"(386-87)

Zelfs K. schijnt dat in zijn slaap nog te beamen: "Klepper maar molen, klepper maar, dacht hij. Je kleppert alleen voor mij."(388) Het is daarom niet te gewaagd aan te nemen dat de elucubraties van Bürgel niets anders zijn dan de verraderlijke afspiegeling van K.'s eigen onuitgesproken wensen: de begoocheling bereikt hier een dieptepunt. Bij het einde van het gesprek zal Bürgel dan ook eigenhandig de - alleen schijnbaar - doorbroken barrière weer oprichten. Wat in het verhaal van de geïntimideerde Barnabas nog op een moeiteloos te nemen hindernis kon lijken, wordt hier zo reëel als een barrière maar kan zijn:

> "'Nee, u behoeft zich over uw slaperigheid niet te verontschuldigen, waarom zou u? De lichamelijke krachten reiken slechts tot een bepaalde grens; wie kan er iets aan doen, dat juist deze grens ook in ander opzicht van betekenis is? Nee, daar kan niemand iets aan doen. Zo corrigeert de wereld zich zelf in haar loop en behoudt zij haar evenwicht.'"(391)

Deze uitspraak van Bürgel heeft veel weg van een bijschrift dat het gebeuren als in een momentopname tegen een zinnebeeldige achtergond fixeert. De prent waarop dit bijschrift slaat, vinden we aan het einde van het kapittel: "Onbeschrijfelijk verlaten leek hem deze kamer. Of zij zo geworden was of dat zij altijd al zo geweest was, wist hij niet. Het zou hem niet eens lukken hier weer in slaap te vallen."(391) K. blijft alleen achter op een lege scène.

We hebben hierboven herhaaldelijk beroep gedaan op begrippen uit het betekenisveld van de theatraliteit. Het leek ons het enige geschikte instrumentarium om bij benadering te beschrijven wat in *Het slot* gaande is. Het gaat dan wel om een theatraliteit die aan de gebruikelijke dichotomie van spel en werkelijkheid, scène en publiek, rol en figuur ontsnapt. Wat in deze 'andere' theatraliteit aan de orde staat, is de dialectiek van de schijn. Schijn niet meer in zijn complementaire betrokkenheid op een van te voren reeds als betekenisvol veronderstelde realiteit, maar in zijn radicale gestalte, waardoor de zin aan het glijden gaat. Verder theoretiseren wordt hier zeer moeilijk, want het behoort precies tot het (niet-)wezen van de geëmancipeerde schijn dat hij elke logica uitdaagt, daarom echter in zijn effect niet minder reëel is. De hermeneutiek zelf stoot hier op barrières die zo licht niet kunnen doorbroken worden.

Is het slot dan de zetel van de schijn? Het antwoord op die vraag zou een stuk eenvoudiger uitvallen, indien de schijn kon gelocaliseerd worden, maar die is nooit 'ergens'. Hij manifesteert zich eerst op het ogenblik dat een uitdager optreedt. Hier komt het motief van de krachtmeting, dat K. als kleine jongen reeds bezighield, uiteindelijk nog tot zijn recht, hoezeer die uitdager zich ook uitput in zijn stormloop tegen de coulissen van het imaginaire. Toch wordt het op die wijze begrijpelijk dat de dorpsbewoners, bevangen als ze zijn door de gedaanten van het onwezenlijke, in de figuur van de landmeter een bevrijder vermoeden. Zij willen zich uit de ban van hun niet-bestaan verlost zien en 'werkelijk' worden. Op de vraag weliswaar wat dit werkelijke wel zou kunnen zijn, bezit misschien alleen Amalia het antwoord, als enige in de hele roman. Maar zij, de vrijwillig uitgestotene, doet er het zwijgen toe...

5. *Allegorie*

Om de structuur van *Het slot* en zijn unieke plaats binnen de literatuur van de twintigste eeuw nauwkeuriger te bepalen, is het ook hier weer nodig een theoretisch intermezzo in te lassen. Zoals we reeds bij de analyse van *Het proces* opmerkten, dragen grote werken hun maat in zichzelf; die moet kunnen geëxpliciteerd worden, wil men ze in hun ware betekenis vatten. En hoe minder die maat aan de oppervlakte treedt, des te ingrijpender zal de verandering zijn die zulk een tekst postuleert.

Sinds het verschijnen van de kritische uitgave van *Het slot* kunnen we ons nauwkeuriger rekenschap geven van Kafka's werkwijze bij het schrijven van zijn roman. Die is heel eenvoudig, op het primitieve af; de redacteur Malcolm Pasley spreekt van een 'streng lineaire compositiemethode'.[3] Deze bestaat erin dat Kafka zijn tekst zonder vooraf opgemaakt plan dag na dag voor de voet weg uitschreef. Er zijn geen voorstudies of ontwerpen bekend en het is vrijwel zeker dat die ook nooit bestaan hebben. Er bestaat wel een blad met een overzicht in trefwoorden van de eerste twee kapittels, maar dat is achteraf opgemaakt. Kafka heeft zijn tekst later ook nooit herzien of verbeterd, zodat het manuscript een vrij nauwkeurig beeld geeft van de voortgang van het werk. Het valt daarbij op dat de aandacht van de schrijvende hand zich helemaal toespitst op het narratief moment: volgens Pasley toont de studie van het manuscript ontegensprekelijk aan dat het er Kafka in wezen om te doen is geweest op ieder ogenblik van het schrijfproces een definitieve, draagkrachtige tekst op papier te zetten. Een passage die geen bevrediging schenkt, wordt onmiddellijk geschrapt en ofwel herschreven,

[3] Franz Kafka, *Das Schloß*, ed. Malcolm Pasley (Kritische Ausgabe), Frankfurt 1982, Apparatband, p. 72vv.

ofwel - het meest voorkomende geval - in haar geheel verworpen. Veelal betreft het slechts een paar regels, maar het kan ook om hele bladzijden gaan. In het geval van een verworpen passage keert de tekst op zijn stappen terug en zoekt een andere weg; de overgangen verlopen nagenoeg feilloos.

Plaatst men nu de zogenoemde geschrapte passages waarvan de belangrijkste reeds uit de door Max Brod bezorgde uitgaven bekend zijn, terug in hun vroegere context, dan kan men in het algemeen vaststellen dat in de nieuwe versie elke informatie die een verankering van gebeurtenissen of uitspraken in een stabiele achtergrond suggereert, zorgvuldig weer is uitgewist. Een paar voorbeelden mogen dit illustreren. Passages waar K. een te heldere kijk ontwikkelt op eigen plannen of op de taktiek van de slotoverheid, worden verworpen. Hetzelfde geldt voor vertrouwelijke mededelingen vanwege de functionarissen waarmee K. in contact komt. Veelzeggend is ook volgend detail: wanneer Frieda na de burleske ochtendscène in de school in een lang dispuut met K. is verwikkeld omtrent diens twee assistenten, die als afgezanten van Klamm in haar ogen toch nog altijd respectabele kwajongens zijn, laat zij zich ontvallen: "Niet de kat maakte mij aan het schrikken, maar mijn slechte geweten."(446) In de verbeterde versie wordt de tweede zinsnede vervangen door "ik zelf bezorg mij schrik."(292) Wat voordien naar een psychologische of ethische motivering zweemde, wordt tot een ondoorzichtige uitspraak omgevormd die de ambiguïteit van de situatie duidelijk versterkt. Tenslotte is er het verrassende feit dat de auteur de roman oorspronkelijk in de ik-vorm aanvatte; eerst een eind verderop is hij er zich van bewust geworden dat dit niet het passende vertelperspectief kon zijn en heeft hij op het manuscript overal de naam K. aangebracht. Deze ingreep is overigens nagenoeg het enige geval van een correctie achteraf.

Zelden zijn bij het ontwerpen van een roman hand en hoofd, de beweging van het schrijven en de gang van het verhaal elkaar zo dicht genaderd als hier. Uit het handschrift blijkt dat zelfs onschuldige ingrepen zoals het wisselen van cahier of het veranderen van schrijfgerei - sommige stukken zijn met potlood geschreven - hun invloed laten gelden op de vertelstroom. Vanuit een speculatieve leeshouding zijn wij gewend deze en andere kwesties, die met de materiële schriftuur te maken hebben, als weinig relevant te beschouwen, hoogstens als toevallige storingen, die het wezen van de tekst intact laten. Maar is dit wel zo? Natuurlijk is het schrijfproces zelf - dat ondefinieerbare samenspel van hoofd en hand - nog iets anders en wie zelf niet schrijft, zal misschien weinig aandacht overhebben voor de materiële condities waarin een tekst ontstaat. Maar wat van buiten uit als storing wordt waargenomen, zou wel eens de conditie zelf van het schrijven kunnen zijn. In een dagboekaantekening van 6 december 1921, amper zes weken voor hij aan *Het slot* begint, merkt Kafka op:

> "Metaforen zijn één van de vele dingen die mij aan het schrijven doen wanhopen. De onzelfstandigheid van het schrijven, de afhankelijkheid van het dienstmeisje dat de kachel opstookt, van de kat die zich warmt bij de kachel, zelfs van de arme oude man die zich warmt. Dat zijn allemaal zelfstandige, autonome handelingen, alleen het schrijven is hulpeloos, woont niet in zichzelf, is scherts en wanhoop."[4]

[4] *Dagboeken 1914-1923,* p. 149.

Kafka schetst hier een zeer concrete situatie, de zijne, die echter tegelijk aan de fundamenten raakt van wat wij literatuur plegen te noemen. De handeling van het schrijven maakt een leegte zichtbaar die door het aloude theoreem van de zogenoemde inspiratie niet meer kan opgevuld worden. Terwijl het zich zonder dekking een weg baant naar het verhaal toe, wordt het schrijven voor Kafka een dwaaltocht vol doodlopende sporen. De analogie met het centrale thema van *Het slot* ligt dan zo voor de hand. Maar laten we voorzichtig zijn en de dingen niet op hun kop zetten, want de parabel van de landmeter K. is wellicht zelf niet meer dan een gestrande metafoor die haar oorsprong heeft prijsgegeven. Misschien moet in die zin Kafka's uitspraak in een brief aan Max Brod begrepen worden dat *Het slot* er alleen is om geschreven, niet om gelezen te worden.[5] De leegte, die in de zindragende textuur van het verhaal schijnbaar geheel is opgelost, zal door de lezer hooguit nog als reflex worden waargenomen aan de uiterste rand van de fictie, waar de tekst het begeeft en met een stom gebaar zijn eigen stoffelijke rest aanwijst. Meer kan hierover voorlopig niet gezegd worden; maar dat deze dode momenten aan de interpretatie van *Het slot* strenge beperkingen opleggen, zoveel moge duidelijk zijn.

Het ontbreken van een vooraf beraamd concept en het consequent uitsparen van de te verwachten informatie mag er ons daarom niet toe verleiden hier van onvolledigheid te spreken. Tenzij men die term radicaal opvat en aan *Het slot* een inherent fragmentarisch karakter toekent; zo wordt misschien ook be-

[5] *Brieven 1920-1924,* p. 156.

grijpelijk waarom de roman onafgewerkt is gebleven. De mimetische code van de epische traditie zoals hij sinds de Grieken is overgeleverd, heeft aan de roman van bij zijn ontstaan een illusie van volledigheid opgelegd, alsof de wereld van het verhaal kon samenvallen met de wereld daarbuiten, en de ene de andere aanvullen. Ten laatste in *Het slot* rekent Kafka met die traditie af en hij doet het met de ernst en de gekweldheid van een nazaat die zich met een twijfelachtige erfenis opgezadeld weet.

Maar tegelijk heeft deze roman als weinige andere in de wereldliteratuur de dichtheid van een weefsel, waar de motieven onontwarbaar met hun fond verknoopt zijn, het weefsel zelf zijn. Zo geldt in Kafka's tekst slechts datgene wat in het geschrevene opgeslagen ligt en niets daarbuiten of daarachter. Zijn uiterst strenge ascese bij het schrijven mag dan ook niet zo geïnterpreteerd worden, alsof de auteur door schrapping bepaalde dingen wil verzwijgen met de bedoeling het raadselachtig uitzicht van zijn verhaal te verhogen en op die manier de spanning op te drijven. Het schrijfproces kent een eigen narratieve logica; zo dit te hebben onderkend één van de verdiensten van de moderne literatuur mag genoemd worden, dan behoort Kafka samen met de door hem vereerde Flaubert en enkele anderen ongetwijfeld tot de eersten die dit inzicht consequent in de praktijk hebben gebracht. Uiterste voorzichtigheid is dus geboden bij het gebruik van de voornoemde verworpen passages. Zij traceren de grens van het vertelbare; wat daarachter ligt, is geen aanvulling, maar niemandsland. Het kan niet opgemeten worden.

Het kan niet opgemeten worden: misschien zal men geneigd zijn in deze al te nadrukkelijke verwijzing naar het centrale thema van de roman een ongeoorloofde subtiliteit te zien. Maar is het zo zeker dat in *Het slot* niets anders verteld wordt dan de mislukte poging van een zich landmeter noemende onbekende om in een naamloos dorp voet aan de grond te krijgen? Laten we het antwoord op die vraag nog even rusten en nemen we K. voor wat hij is of schijnt. Al blijkt hij onderlegd te zijn en een scherp oog te hebben voor de verborgen implicaties van elk gesproken of geschreven woord, een schrijver of letterkundige is hij in elk geval niet. Dit personage zal men in Kafka's verhalend werk overigens tevergeefs zoeken; nergens ook wordt bij Kafka een verhaal in zijn genese gethematiseerd of wordt de problematiek van het schrijven direct in de handeling weerspiegeld. Dit is des te opvallender, daar de briefwisseling en de dagboeken die vragen ten overvloede documenteren. Deze schroom van de auteur om zijn allerpersoonlijkst levensprobleem, daar waar het om literatuur gaat, onverkort te berde te brengen, is hoogst betekenisvol. Het vermoeden is gewettigd dat het bewust in acht nemen van die grens aan de basis ligt van het ongehoord imaginair potentieel van zijn teksten; wat onuitgesproken moet blijven, wordt horizon, bestaansgrond en doel van het schrijven zelf.

Dit is, wat het statuut van het vertellen bij Kafka betreft, een vrij ingrijpende conclusie. Ze komt erop neer dat wat niet verteld wordt, daarom uit het narratief discours nog niet zonder meer verdwijnt. Uit de hierboven gegeven schets nu van Kafka's schrijftechniek blijkt diens onfeilbaar gevoel voor de spanning tussen die zones van het zegbare en het ongezegde. Rest alleen het antwoord op de vraag hoe hij die spanning thematisch zichtbaar maakt en ook hier is de oplossing van een ontwapenende eenvoud: wat onuitgesproken blijft, kan zich enkel manifesteren in de verstrooiing. De motieven van schrijven en lezen, die in talloze transformaties over het hele œuvre verspreid liggen, verwijzen alle naar dezelfde aprioti-vraag omtrent de onmogelijke dialectiek van het vertellen. Ze zijn bij Kafka alle gekenmerkt door hun onaanzienlijke verschijning, door hun zwakke semantische lading: het zijn ook hier niet meer dan toespelingen, die hoogstens de aandacht trekken door de vreemde, vervallen context waarin ze geplaatst worden.

Om slechts twee voorbeelden te noemen: Poseidon, de beheerser van de zeeën, is bij Kafka een accountant geworden, die met het "beheer van alle wateren" de handen vol heeft en zich ergert over de voorstellingen die over hem de ronde doen, "hoe hij altijd met de drietand door de wateren reed"(969); Bucephalus, eens het paard van de wereldveroveraar Alexander, houdt zich in onze dagen als advocaat bezig met de studie van de wetboeken: "ver van het gewoel van het slagveld van Alexander leest hij bij het stille lamplicht en slaat de bladen van onze oude boeken om."(778) Deze twee korte teksten geven goed de functie weer die Kafka aan genoemde motieven toemeet: het zijn restanten aan het eind van een lange traditie. Nu de heroïsche thema's uit het verleden hun mythisch-epische kracht hebben opgeteerd, beperken zijn personages zich tot het bijhouden van de boeken.

Maar keren we terug tot *Het slot* en tot de vraag die wij voordien opengelaten hadden. Is ook K. soms een man van het schrift? Het minste wat we kunnen zeggen is dat het beroep van landmeter met be-schrijven te maken heeft. Een opgemeten stuk land krijgt een nieuwe structuur. Zijn dubbel verhuist naar het kadaster, een oeroude instelling, zoals de kleitabletten uit het Oude Nabije Oosten ons leren. Sedert de mens van het *neolithicum* een begin is gaan maken met het opzetten van geslachtslijsten en eigendomsakten, hebben wij aan dit soort archieven macht verleend. Het is zeker geen toeval dat de uitvinding van het schrift aan een godheid werd toegeschreven; de kennis van het schrift was dan ook lange tijd het privilege van de koning, in wiens dienst de secretarissen stonden, of van de priesterkaste die de tempel beheerde. Ook de kunst van het landmeten moet ooit, samen met de geometrie en de astrologie, deel hebben uitgemaakt van een hermetische wetenschap. Deze vaststellingen tonen in elk geval aan dat het beroep van K., of de man het zich nu terecht of ten onrechte toeëigent, sociale en culturele wortels heeft die tot aan de rand van de prehistorie reiken. Tegen die achtergrond krijgt de term 'landmeter' in *Het slot* niet alleen een verrassend reliëf; hij gaat bovendien als een codewoord fungeren dat het realistische niveau van de roman overstijgt en aldus zijn archetypische basis versterkt.

Maar er is nog meer. Maurice Blanchot heeft er op gewezen dat *Het slot* niet zozeer gebouwd is op een reeks feiten en gebeurtenissen dan wel op een aaneenrijging van verklaringen en exegeses, in de beste traditie van de joodse *talmoed.* Elk moment van de handeling vraagt om een passende commentaar, die voor K. de aanleiding is tot ver uitgesponnen overwegingen; deze worden dan weerlegd met nieuwe informatie die op haar beurt grondig moet worden bekeken. Het dispuut in het vierde en zesde kapittel met Gardena, de waardin van de "Brückenhof", of het gesprek met Olga in het lange vijftiende kapittel zijn daar slechts de meest opvallende voorbeelden van. De ophelderingen hebben bijna altijd betrekking op het verleden, bij zoverre dat de handeling zelf daardoor verregaand ontkracht wordt: zij gaat geleidelijk helemaal op in het onzekere vraag-en-antwoordspel van de verklarende hermeneutiek. Uiteindelijk stoot de roman daarbij volgens Blanchot op de vraag naar het fundament van de exegese zelf, "la possibilité d'écrire (et d'interpréter) le château."[6] De bewust dubbelzinnig gehouden formulering suggereert een betrokkenheid op elkaar van thematische inhoud en verhaaldiscours, van schrijven en verstaan, een verwikkeling die zowel de auteur/verteller en het hoofdpersonage als de lezer weldra meesleurt in de draaikolk van een niet eindigende exegese, "dans le tourment d'un commentaire sans fin."[7]

Men zou kunnen zeggen dat bij het begin van de roman het slot is wat het is: een groep vervallen gebouwen die niet veel hebben van een grafelijke woonst. Zo verschijnt het K. althans in het felle licht van de zon die eerste morgen na zijn aankomst. Maar onder de woekering van de tegenstrijdige commentaren en geruchten verandert het gaandeweg

[6] M. B., Le pont de bois (la répétition, le neutre), in: *L'entretien infini,* p. 576. - Uitgangspunt van Blanchot is een kritiek op het hiervoor geciteerde boek van Marthe Robert. Voor hem houdt *Het slot* niet een confrontatie in met de eerder academische ruimte van het Griekse epos, maar moet het begrepen worden tegen de achtergrond van de verhalend-exegetische traditie van het judaïsme. Terecht wijst Blanchot er ook op dat de boeken geen thema zijn in *Het slot* en dat in dit opzicht de parallel met Cervantes niet opgaat. K. blijft dus de landmeter die hij van bij de aanvang was.

[7] Ibid., p. 577.

grondig van uitzicht: het groeit uit tot een imaginaire grootheid die op de verbeelding een onweerstaanbare aantrekking uitoefent. Eerst hier krijgt het slot zijn ware epische gestalte als het geheime centrum dat alle vragen opwekt en tegelijk als het achteruitwijkende vluchtpunt dat elk antwoord tenietdoet. Geen wonder dat K. op zo'n onvast terrein zijn twijfelachtig beroep van landmeter weldra ziet vervluchtigen. Zijn navorsingen gaan een andere richting uit. Nog een kleine stap en ook hij is, net als Poseidon of Bucephalus, een schriftgeleerde die geduldig de bedorven copieën collationeert van manuscripten die lang geleden verloren zijn gegaan.

Had Kafka deze stap gezet, dan was *Het slot* wellicht tot een al te doorzichtige allegorie op het ondoorzichtige geworden. Zijn realistisch instinct en zijn scherp waarnemingsvermogen hebben de auteur voor deze aberratie behoed. Hij hield het bij het beeld van een winters besneeuwd dorp en dit volstond om zijn ongeduldig hoofdpersonage te laten verdwalen in de verlokkingen van het ongewisse. Blijft de vraag naar de precieze verhouding tussen de zichtbare scène, laten we zeggen het dorp, en het onzichtbare scenario, dat echter niet zonder meer met het slot samenvalt, maar zoals gezegd eerst in de onzekere commentaren gestalte krijgt die zijn wezen verhullen.

Nog maar eens blijkt hoezeer hier theoretische implicaties in het spel zijn en het is nodig daar verder op in te gaan, want zij reiken tot diep in de discussies omtrent het waarheidsgehalte van de kunst. Die discussies spitsen zich in ons geval toe op het onderscheid tussen de categorieën van het symbool en van de allegorie. De wegen van de interpretatie gaan hier inderdaad uiteen. Wanneer Max Brod in het nawoord bij de eerste uitgave van *Het slot* naar de theologie en de *kabbala* verwijst en vooruitlopend op wat hij latere detailanalyses noemt, in de ontoegankelijke maar overal aanwezige slotoverheid het beeld van de goddelijke genade en voorzienigheid herkent, dan is dit onmiskenbaar een symbolische interpretatie. Zelfs de marxistische en neo-marxistische kritiek, die in de lijdzame onderwerping van de dorpsbewoners aan het bureaucratisch apparaat de neerslag ziet van verinnerlijkte machtsstructuren, gaat volgens een symboliserende optiek te werk. Wij willen daar een allegorische interpretatie tegenoverstellen, maar dit vergt dan wel een korte opheldering.

De gebruikelijke opvatting van de allegorie als de min of meer conventionele voorstelling van een abstract begrip, als een personificatie van natuurkrachten of affecten laat de oorspronkelijke vitaliteit van deze reeds uit de antieke retoriek bekende *figura* niet tot haar recht komen. Die onderwaardering moet op rekening geschreven worden van de idealistische esthetica van de 19e eeuw; zij heeft de twee begrippen tot elkaars rivalen gemaakt, wat ze van huis uit beslist niet waren. In het spoor van de romantische natuurfilosofie wordt dan aan het symbool een hogere waarde toegekend, en wel op grond van een als natuurlijk aangevoelde eenheid van zijn twee componenten, het zichtbare en het onzichtbare. Dit streven om in het schone een verzoening tot stand te brengen van schijn en zijn heeft weinig uitstaans met het theologisch stevig onderbouwde symbooldenken dat de middeleeuwse traditie met uitlopers tot ver in de baroktijd kenmerkt. Het verengt integendeel de draagwijdte van het symbool tot de horizon van een immanente totaliteit, een visie die door de literaire ontwikkelingen van rond de eeuwwisseling weldra zelf zal ondergraven worden.

Walter Benjamin heeft in zijn studie over het treurspel van de barok aan de allegorie de haar toekomende plaats teruggeschonken.[8] Hij ziet in de starheid van de allegorische beeldtechniek een verwantschap met het schrift, dat een werk van de hand wil blijven en zijn makelij niet verbergt. Waar het symbool naar een opheffing tendeert van de differentie tussen ervaring en taal, beide in een hogere identiteit laat opgaan, daar maakt de allegorie de beschouwer/lezer precies van haar retorisch karakter bewust. In die zin moet ook de scherpe formulering van C.S. Lewis begrepen worden in zijn klassiek geworden studie over de middeleeuwse en vroeg-renaissancistische allegorie: "Symbolism is a mode of thought, but allegory is a mode of expression."[9] Het beslissend moment ligt ook voor Benjamin in het feit dat beeld en betekenis niet versmelten in een bedrieglijke harmonie; hun samengaan biedt veeleer het uitzicht van een ruine: "Allegorien sind im Reiche der Gedanken was Ruinen im Reiche der Dinge." Het beeld blijft aldus rekwisiet, maar de allegorische blik verleent het een waardigheid die het profane tegelijk verheft en ontmaskert: "Demnach

[8] W. B., Ursprung des deutschen Trauerspiels, in: *Gesammelte Schriften* I, 1, Frankfurt 1974. - Betreffende de verhouding allegorie en symbool, zie ook: Paul de Man, The Rhetoric of Temporality, in: *Blindness and Insight*, London 1983; Henri de Lubac, *Exégèse médiévale. Les quatre sens de l'écriture*, Seconde partie, II, Paris 1964, (kap. VIII: "Symbolisme").

[9] C. S. Lewis, *The Allegory of Love*, Oxford/London 1953 (1936), p. 48. - M.a.w. de symbolische visie zoekt een rustpunt in het betekende, terwijl de allegorie voorrang geeft aan de betekenaar, die essentieel beweging is; zij heeft haar wortels in de retorische structuur die eigen is aan elke tekst.

wird die profane Welt in allegorischer Betrachtung sowohl im Rang erhoben wie entwertet."[10] Achter de triomfantelijke overdaad van de barokke illusieperspectief gaat een niet te stuiten gevoel van vergankelijkheid schuil.

"Die profane Welt in allegorischer Betrachtung": dit laatste citaat lijkt wel op de maat van Kafka's *Slot* te zijn gesneden. Met een voor een twintigste-eeuwse tekst ongewone nadruk wordt hier zichtbaar wat we de tweevoudige blik van de allegorie zouden kunnen noemen. Elke gestalte, elke verschijning wil er letterlijk genomen worden en is tegelijk abstract, als drager van een betekenis die aan de greep van de vorsende blik ontsnapt. In *Het slot* nu wordt de afstand tussen voorstelling en betekenis schier onoverbrugbaar en het lijdt geen twijfel dat hier de verklaring moet gezocht worden voor het onvoltooid blijven van de roman. Het lijkt erop alsof Kafka het principe van de allegorie zelf op zijn draagkracht heeft willen beproeven. Waar de techniek van het symbool naar tijdeloze momenten speurt waarin het transcendente zich openbaart, demonstreert Kafka met alle kracht nog eenmaal de retorische structuur van de allegorie, zoals deze in het aloude schema van het *itinerarium* haar meest pregnante uitdrukking gevonden heeft.

Maar ook dit schema is hier nog slechts een hulpconstructie, want bij Kafka is het *itinerarium* een reisweg geworden vol oponthoud en aarzeling. De parade van de schijngestalten die de pelgrimerende mens op zijn weg kruisen, is niets anders dan de neerslag in het bewustzijn van de temporaliteit die alle ervaring scandeert, maar tegelijk ook het vertellen

[10] Ursprung des deutschen Trauerspiels, ibid., p. 354 & 351.

mogelijk maakt. *Het slot* is daarom geen verhaal naar het leven, maar veeleer een methodische verkenning naar de staat van de mens en de toestand van de wereld, en zo deze verkenning uiteindelijk aan haar eigen vooropstellingen bezwijkt, dan vindt zij in die nederlaag misschien ook haar ultieme rechtvaardiging.

HOOFDSTUK VII:

DE WAARACHTIGE KUNST VAN HET VERTELLEN

> "Allerdings gibt es kein schöneres Schicksal für eine Geschichte als zu verschwinden und auf diese Weise."
>
> Brieven aan Milena

1. *Feit en reflectie in Kafkaiaans perspectief*

Het is bekend dat Kafka's verhalen hoofdzakelijk eenmansvertellingen zijn, waarin het perspectief van de hoofdfiguur dominant is. Dit principe wordt zo streng aangehouden dat er geen eigenlijke sociale sfeer ontstaat waarin de personages elkaar als volwaardige partners ontmoeten; reeds hun uiterlijke verschijning is sterk door de zienswijze van de held bepaald. De held zelf is evenmin verankerd in een sociaal milieu; ook hier wordt uiterste spaarzaamheid beoefend. Dit alles zal duidelijk gemaakt hebben dat motiveringen, zoals we die uit de psychologische roman kennen en die van een personage een karakter maken, hier nauwelijks nog een rol spelen. Integendeel, lichamelijke en psychische reacties werken zich los uit hun verondersteld substraat en zoeken eigen banen. Het psychische leven zelf kent een hypertrofische toename van een alles doordringende en vervormende reflectie. Deze heeft haar centrum niet meer in het innerlijk van de held, maar is geheel naar buiten gericht; ze wordt een aftasten van de als vreemd of vijandig ervaren omgeving.

De verenging van het blikveld van het hoofdpersonage heeft anderzijds haar tegenhanger in een sterke bundeling van de handeling rond één kern. Daardoor hebben zelfs de drie romans nog altijd iets van de klassieke bouw van de novelle. Naar de bekende definitie van Goethe wordt de novelle gedomineerd door wat hij de 'unerhörte Begebenheit' noemde, het ongehoorde feit, dat in een snelle climax de handeling naar een hoogtepunt voert en dan opgelost wordt. Het opvallende bij Kafka is nu dat dit feit naar voren schuift, meestal zelfs reeds vooraf heeft plaatsgehad, zodat het eigenlijke verhaal veeleer een dalende lijn vertoont. In de romans bewerken allerlei herhalingsmechanismen uitstel en vertraging in de handeling, het basisschema blijft echter hetzelfde. Het gewicht van het beginfeit wordt er alleen maar groter door; bovendien krijgt het door de beperking van de milieubeschrijving tot een uiterste minimum een duidelijk geïsoleerd statuut.

Een vrij doorzichtige structuur dus: aan de ene kant de reflectie of het domein van het subject; aan de andere kant het gebeuren, dat de vorsende aandacht geheel voor zich opeist. Deze spanning is nagenoeg in heel Kafka's werk terug te vinden; ze maakt duidelijk dat het bestaan van de held beheerst wordt door wat we in dit essay herhaaldelijk de sfeer van het 'andere' hebben genoemd. Dat andere manifesteert zich in onverwachte voorvallen en gebeurtenissen die in de gedaante van het ongehoorde in zijn leven opduiken en er een beslissende wending aan geven.

De verschijningsvormen daarvan kunnen heel verschillend zijn. Zo wordt in *Een plattelandsdokter* de handeling op gang gebracht door een oproep die vanuit de wereld van de zieke tot de plattelandsdokter komt, maar die veeleer de persoon van de dokter zelf aangaat en hem in een bevreemdend ritueel het ware sterven zal tonen. In *Een keizerlijke boodschap* is er sprake van een ultieme boodschap van de stervende Chinese keizer voor een onbekende onderdaan, verloren in de onbereikbare verte van het onmetelijke land. In de parabel *Voor de wet* komt een ongeletterde dorpeling aan voor de poort van de wet, op zoek naar de hoogste rechtvaardiging van zijn bestaan. We hebben ook gezien hoe de verleidelijke aantrekking van een slot voor een zwerver-landmeter de aanzet wordt tot een dwaaltocht die geen einde neemt. Verschijnt in deze verhalen de tegenwereld als uitnodiging, belofte, lokroep of dreiging, elders dringt zij metterdaad in het leven van de held binnen en tast zijn bestaan tot in de grond toe aan. Tot dit type behoren niet alleen *De gedaanteverwisseling* en *Het proces,* maar ook reeds *Het vonnis,* het verhaal waarin Kafka, in de nazomer van 1912, zijn schrijverschap voor het eerst bevestigd zag. Daar is het de wrekende vader die de zoon Georg op de dag van de aankondiging van zijn verloving aan een vriend in het verre Petersburg, tot de dood door verdrinking veroordeelt. In al deze gevallen, met uitzondering misschien van *Het slot,* houden feit en reflectie elkaar in een gespannen en toch wankel evenwicht in bedwang en het is die polariteit die aan Kafka's teksten hun onuitputtelijke epische kracht verleent.

Een heel eigen plaats nu neemt een verhaaltype in dat eerst betrekkelijk laat tot ontwikkeling komt. De centrale figuur daarin is een ik-verteller die niet meer rechtstreeks in gebeurtenissen verwikkeld is, maar vanuit een meer afstandelijke, zijdelingse betrokkenheid reflecteert op wat hij om zich heen waarneemt.

Kafka heeft dit type als het ware op zijn mogelijkheden beproefd in het half mislukte, fragment gebleven verhaal *De dorpsschoolmeester*, dat nog uit de ontstaanstijd van *Het proces* dateert. Hierin is sprake van een mol van reusachtige afmetingen die enkele jaren voordien ergens in de buurt van een afgelegen dorp is waargenomen. Het voorval zou allang weer vergeten zijn, ware het niet dat de oude schoolmeester het onderzoek daarnaar tot zijn levenstaak heeft gemaakt. Het door hem opgestelde geschrift is echter in wetenschappelijke kringen op ongeloof en spot onthaald. De eigenlijke verteller van het verhaal is een jonge koopman die, aangespoord door het beklag van de schoolmeester in een naschrift bij zijn eerste stuk, nu zelf op zoek gaat naar de ware toedracht en daarover eveneens een geschrift opstelt; hij wil echter op de eerste plaats de achtbaarheid van de schoolmeester aantonen. Eigenaardig genoeg raakt de koopman weldra in disputen verwikkeld met de man wiens eer hij wil verdedigen, waardoor de aandacht meer en meer afgeleid wordt van de oorspronkelijke opzet. Het aanslepend misverstand brengt hem er uiteindelijk toe af te zien van zijn onderneming en met de lang uitgesponnen scène waarin de verongelijkte schoolmeester de koopman nog maar eens een keer opzoekt, breekt de tekst af.

Het thema van dit verhaal is er een van het triviale soort dat ook vandaag nog wel eens sporadisch opduikt, wanneer er van ufo's sprake is of als de verschrikkelijke sneeuwman het binnenblad van de krant haalt. Het bestaan van het vreemdsoortige dier is vanzelfsprekend niet bewezen; zelfs van de schoolmeester wordt nergens gezegd dat hij de mol met eigen ogen heeft gezien. Het verwachte relaas omtrent het ongewone voorval met de reuzenmol blijft dan ook uit; in plaats daarvan demonstreren de zich ophopende commentaren en meningen een groeiende toestand van ondoorzichtigheid die feit en reflectie uiteendrijft en het verhaal zelf op de klippen jaagt. Maar daarin lijkt precies zijn paradoxale zin te bestaan: naargelang het uitloopt naar de periferie, rolt het als het ware vanzelf ook weer op.

Deze implosie van de tekst brengt niet alleen de kringloop van het vertellen zelf aan de oppervlakte, ze vestigt tevens de aandacht op het dieperliggende thema: de schoolmeester en de koopman wijden zich aan een zaak waar niemand acht op slaat en waarover men niet spreekt. Ook al zijn zij zelf randfiguren en verglijdt hun betoog stapsgewijze naar het domein van het onwaarschijnlijke, zij stellen toch de vragen die niemand stelt, m.a.w. zij vertegenwoordigen het type van de zoeker die naar het waarom van de dingen vraagt. Het feit dat het geval van de reuzenmol niet kan opgehelderd worden, doet daarbij niet ter zake, of liever, het is de eigenlijke voorwaarde opdat het vertellen niet ten onder zou gaan. En het hoort helemaal tot Kafka's paradoxen dat deze stelling kan aangetoond worden aan een verhaal dat zelf gedoemd is om te sneuvelen.

2. *De Chinese muur is een tekst*

Kafka heeft dit model verder uitgewerkt in enkele latere verhalen waarin de problematiek van de verhouding tussen individu en gemeenschap onderzocht wordt en die in een vorsende, mild-ironische toon gesteld zijn. De hierboven omschreven verteller-zoeker ontpopt zich daar als de ware bemiddelaar die, zonder de ultieme antwoorden op zak te hebben, de wijsheid van het volk voor de komende generaties opspaart. We bespreken eerst de eveneens fragment gebleven novelle *Bij de bouw van de Chinese muur*, die dateert uit 1917. Ze is geschreven in de stijl van een kroniek. De protagonist, die van zichzelf zegt dat hij destijds als jong geschoold metselaar bij de bouw van de grote muur heeft meegewerkt, kan hier uit eigen ervaring spreken en, zo lijkt het althans, ook instaan voor wat hij meedeelt. Hij brengt echter niet alleen verslag uit; het is er hem tevens om te doen de beweegredenen te onderzoeken die tot de bouw van de muur hebben geleid. Op die manier wil hij tegelijk tot een beter begrip komen van het unieke maatschappelijk bestel van China en daartoe behoort ook de instelling van het keizerschap. Over de resultaten van dit jarenlange onderzoek wil hij met dit verslag rekenschap afleggen.

Wat betekent dit echter concreet? Zoals de verteller zelf uitdrukkelijk opmerkt, zijn er rond de geschiedenis van de bouw heel wat legenden ontstaan en zo verrast het ook niet dat de novelle af en toe de indruk wekt zelf een compilatie van zulke legenden te zijn. Verder omschrijft de verteller zijn onderzoek met een eerder verrassende bescheidenheid als “alleen historisch.”(949) Terecht, mag gezegd worden, want de voltooiing van de muur ligt vele jaren terug. Maar deze uitspraak valt dan weer niet goed te rijmen met zijn positie als ooggetuige, want de beschrijving maakt duidelijk dat zo’n reusachtige onderneming als de bouw van de muur er een is, met moeite binnen de tijd van een mensenleven kon worden afgesloten. Over deze vrijwel onmerkbare verkorting van de chronologie nu schijnt de verteller zich weinig zorgen te maken, maar haar structureel effect is niet te verwaarlozen: ze verplaatst in werkelijkheid het gebeuren naar een, zo niet mythisch, dan toch legendarisch verleden. De formule "Wij, de muurbouwers"(950) fungeert derhalve als een identificatiesignaal dat het verhaal weliswaar in de feiten verankert, maar tegelijk en op de eerste plaats het gebaar van het vertellen als zodanig constitueert. Bekrachtigd wordt deze verteldaad zomin door een vooraf historisch vaststaande realiteit als door de slechts in schijn soevereine commentaar. Veeleer beweegt het verhaal zich langs die onduidelijke grens waar het niet meer bewijsbare toch nog kan worden gememoreerd. Maar als die redenering klopt, dan is deze kroniek over de bouw van de Chinese muur zelf ook een legende.

Het kernprobleem van de uiteenzetting vormt het eigenaardige, onlogische systeem van de bouw in gedeelten: op vele plaatsen tegelijk werden door ploegen van een twintigtal arbeiders twee stukken muur van zowat vijfhonderd meter lengte naar elkaar toe opgetrokken en dan aaneengesloten; daarna werd er aan die duizend meter voorlopig niet verder gebouwd, de arbeiders werden naar heel andere streken gestuurd om daar volgens dezelfde methode een nieuw stuk te bouwen. Natuurlijk ontstonden er op die manier grote gaten en er werd later beweerd dat sommige daarvan nooit werden opgevuld. Nu zet de verteller deze laatste bewering wel op rekening van de talrijke legenden die rond het bouwwerk hangen; blijft nochtans het feit dat zulke geruchten, zoals hij zelf opmerkt, wegens de uitgestrektheid van de muur niet op hun echtheid gecontroleerd kunnen worden. Hij vermoedt zelfs dat de nomaden, tegen wie de muur het land eigenlijk moet beschermen, reeds toen een beter overzicht hadden over de vorderingen van de bouw "dan wij, de bouwers."(945) Bovendien trekt de bouw de nomaden aan, zodat het gevaar eerder nog toeneemt.

Anderzijds wordt door de moeilijkheid het werk in zijn geheel te overzien, het systeem van het bouwen in gedeelten ook weer begrijpelijk. De nomaden belichamen namelijk een dreiging die in werkelijkheid van binnen uit veroorzaakt wordt door de geografische uitgestrektheid van het land. En die weerspiegelt op haar beurt de innerlijke verstrooidheid en lichtvaardigheid die aan het Chinese karakter eigen zijn. Overigens hebben de meeste Chinezen die nomaden nooit gezien; alleen uit boeken en afbeeldingen is hun barbaars geweld bekend. Zo keren na een termijn van vijf jaar de arbeiders voor korte tijd naar hun geboortestreek terug, waar hun verhalen een gretig gehoor vinden; daarna vertrekken zij zoals gezegd naar een heel ander gebied om daar een nieuw stuk van de muur te bouwen. Doordat op die wijze ook het volk bij het grote project wordt betrokken, zal het zich sterker aaneensluiten.

Voor de Chinezen bestaat de muur dus eigenlijk slechts als 'discours', hij is een 'verhaal'; zijn (problematische) voltooiing dankt hij wezenlijk aan het feit dat hij als "voltooid verklaard"(945) werd. De opdracht nu die onze verteller zich toemeet, bestaat erin deze beweging nog eens over te doen en de muur een, op zijn inzichten gebaseerde, tweede voltooiing ten deel te laten vallen. De methode van het verspreide bouwen vormt aldus niet alleen het centrale thema van het verhaal, ze manifesteert tevens iets van zijn dieptestructuur: de bouw van de muur verwijst in een soort metaforische verdubbeling ook naar de arbeid van de tekst.

Met de verklaring van het verspreide bouwen op grond van een strategie van de eenmaking van het verstrooide volk is de paradox opgelost en het onderwerp eigenlijk uitgeput. Maar de verteller stelt zich daarmee niet tevreden. Hij laat hier de historische feiten achter zich en gaat in een constructieve, van bouwmetaforen verzadigde beschouwing op zoek naar "andere redenen."(947) Hij ziet zich daarbij al gauw naar de autoriteit van de leidersgroep verwezen. Die wordt regelrecht tot de status van een hoogste presentie verheven: in het werkvertrek van de plannen tekenende leiders komen alle menselijke gedachten samen en worden ook de stralen van het goddelijke opgevangen. Ze zijn aan elke plaats ontheven - "waar dat was en wie daar zat, weet en wist niemand aan wie ik het vroeg"(948) -, en hun besluiten niet onderworpen aan de wisselvalligheden van de tijd:

> "Veeleer bestond het leiderschap al van oudsher en het besluit voor het bouwen van de muur evenzeer. Onschuldige volken uit het noorden, die meenden dat zij er de oorzaak van waren, eerwaardige, onschuldige keizer, die geloofde dat hij de bouw bevolen had! Wij, de muurbouwers, weten wel beter en zwijgen."(950)

Met deze pointe sluit de verteller zijn betoog over de bouw van de muur af. Bekijken we echter zijn argumentatie wat meer van naderbij, dan wordt het snel duidelijk dat achter deze pointe een diepe verlegenheid, misschien ook ironische reserve schuilgaat. Het probleem zit hem in de kwellende gedachte dat de leiders met de gekozen bouwmethode iets ondoelmatigs zouden gewild hebben. In een eerste aanloop verwijst de verteller naar een opinie die ten tijde van de bouw van de muur zeer verspreid was, te weten dat je de verordeningen van het leiderschap slechts tot aan een bepaalde grens, voorzover het de arbeid ten goede kwam, moest zien te begrijpen. Voor de afwijzing van die stelling beroept hij zich op de vrijheid van de historicus om de zaken ten gronde te onderzoeken: "uit de al lang verspreide onweerswolken flitst geen bliksem meer, en ik mag dus nu naar een verklaring zoeken van de bouw in gedeelten die verder gaat dan die, waarmee men zich toen tevreden stelde."(949) Deze ietwat plechtige toekering naar de eigen spreek-situatie kan echter niet verhelen dat de verteller hier op een grens stoot waar ook hij met de hulp van retorische kunstgrepen niet overheen komt.

In een tweede aanloop spitst hij de contradictie nog verder toe door uit de uitgestrektheid van China de totale overbodigheid van de bouw van de muur af te leiden. Dan eerst wendt hij zich in een groots opgezette *suspensio* stapsgewijze van de beloofde verklaring af en schuift haar door naar het leiderschap:

> "Waarom dan, als dat zo is, verlaten wij ons geboorteland, de rivier en de brug, moeder en vader, de huilende vrouw, de kinderen die moeten leren, en trekken weg naar de school in de verre stad en zijn onze gedachten nog verder, bij de muur in het noorden? Waarom? Vraag het aan de leiders. Zij kennen ons. Zij, die door geweldige zorgen gekweld worden, kennen ons kleine gedoe, zien hoe wij allen bij elkaar zitten in de schamele hut en het gebed dat de huisvader 's avonds in de kring van zijn gezin zegt, is hun welgevallig of mishaagt hun."(950)

Het met zoveel emfaze aangekondigde argument loopt op niets uit; de onzinnige methode van de verspreide bouw en met haar de brokstukken van de onafgewerkte muur blijven in hun onoverkomelijke materiële discontinuiteit onverklaard achter. "Warum? Frage die Führerschaft": deze retorische onderbreking van de gedachtengang komt precies overeen met de aloude stijlfiguur van de *aposiopese* of *reticentia* [1], waarin datgene wat moet gezegd worden, uit hogere noodzaak aan de evidentie van het onuitgesprokene wordt toevertrouwd. Dieper doordringen in het geheim is verboden en lijkt ook niet mogelijk. Tenzij de hoogste instantie ooit zelf mocht opstaan en spreken: hoe deze ongehoorde stap al vertellend volbracht kan worden, daarover legt in het tweede deel van de novelle de sage van de keizerlijke boodschap een in de wereldliteratuur nooit overtroffen getuigenis af.

In het relaas over de bouw van de muur bleef één belangrijke passage nog onvermeld. Ze heeft de vorm van een uitweiding en tekent zich op die manier nogal opvallend tegen haar omgeving af. Het gaat om het boek waarin destijds een geleerde de bouw van de muur vergeleek met de toren van Babel en op basis van schetsen en plannen meende te kunnen aantonen "dat de grote muur in de geschiedenis der mensheid voor het eerst een zeker fundament zou leveren voor een nieuwe toren van Babel."(948) De excursus leidt de omstandige bespreking in van de dieperliggende motieven voor het systeem van de verspreide bouw en bezet daardoor een gevoelige plaats in de tekst. Naar de mening van de verteller zijn muur en toren enkel naar de omvang van de prestatie vergelijkbaar. Voor het overige staat hij vrij afwijzend tegenover het boek

1 Heinrich Lausberg, *Handbuch der literarischen Rhetorik*, München 1962, p. 438-39.

van de geleerde, weliswaar niet zonder terloops met nauwelijks verholen trots op te merken dat op het stuk van funderingen de Chinese metselaars ver voor lagen op de bouwers van de toren. Daarmee heeft hij zich echter ongewild reeds in de sfeer van de sage rond Babel begeven en dit ondanks zijn overtuiging dat het de bouw van de muur, in tegenstelling tot die van de toren, aan godgevalligheid zeker niet heeft ontbroken.

De verteller wordt vooral verontrust door de vraag of de vergelijking met de toren van Babel letterlijk moet opgevat worden of allegorisch. Met zijn eindoordeel over het boek van de geleerde roept hij echter eerst voorgoed de geest van het bijbelse Babel op: "Er heerste - dit boek is maar een voorbeeld - toen een grote onenigheid, misschien juist omdat er zoveel mensen een zelfde doel trachtten te verwezenlijken."(948) Hier worden precies de twee motieven genoemd die ook het bijbelverhaal schragen: enerzijds het motief van de eenmaking van het volk in collectieve weerbaarheid, anderzijds het motief van de (spraak)verwarring, zoals het in de volksetymologische duiding van de naam Babel werd overgeleverd.[2] In

[2] Gen. 11, 1-9. Zie ook: *Das erste Buch Mose. Genesis,* übers. u. erkl. v. Gerhard von Rad, 9. überarbeitete Aufl., Göttingen 1972. - Anders dan in het bijbelverhaal komt bij Kafka de verwarring voort uit de aard van het menselijk handelen zelf en niet door een ingrijpen van boven. De verwijzing naar een hogere instantie is in de *Chinese muur* even subtiel als dubbelzinnig; het straffend aspect daarentegen is geheel afwezig. Afgezien van deze verschillen vat Kafka's tekst de betekenis van het bijbelverhaal vrij precies. Overigens merkt G. v. Rad op dat de jahwist bij zijn bewerking van de oude sage aan de tussenkomst van Jahwe een meer voorkomend dan wel straffend karakter heeft meegegeven en dat de hele episode getuigt van een soevereine (Kafkaiaanse?) goddelijke ironie. Vgl. G. v. Rad, *Theologie des alten Testaments,* dl. I, München 1957, p. 165vv.

het bedrieglijk beeld van een tot in het mythische opgedreven voltooiing legt het verhaal onverhoeds zijn wankel fundament bloot. Het doet de tekst in zijn tegendeel verkeren: zoals Babel is ook de Chinese muur van zijn eigen apriori uit "un système en déconstruction"[3], dat zijn aanspraken op totaliteit zelf ondergraaft. De vergelijking van de geleerde moet dan ook niet letterlijk en ook niet allegorisch worden opgevat; ze fungeert als een inscriptie, of als een embleem waarin het vertelprincipe van deze tekst leesbaar wordt.

In het tweede deel van de novelle wordt de verhouding van periferie en centrum naar het hart zelf van China verplaatst en hier komen de breuken in alle duidelijkheid aan het licht. Waar aan het einde van het eerste deel de tekst met de aporetische vraag aan het leiderschap op zijn eigen onmacht stootte, daar gaat de verteller hier omgekeerd te werk: over het keizerschap moet men het volk raadplegen, want daar heeft dit keizerschap zijn eigenlijke basis. Maar het volk kent zijn keizer niet, tenminste niet de levende keizer. Het land is te groot; de onmetelijke ruimte verslindt de tijd en vertroebelt de dimensies van heden en verleden. De tijding die de mensen bereikt, kan bijgevolg enkel van een gestorven keizer afkomstig zijn, en zo wordt ook de regerende vorst luchthartig onder de doden gerangschikt: "Keizers die al lang dood zijn worden in onze dorpen op de troon gezet, en hij, die alleen nog in balladen leeft, heeft onlangs een proclamatie uitgevaardigd, die de priester voor het altaar voorleest."(952) Wanneer dus het volk zich om de levende keizer niet bekommert,

3 Jacques Derrida, Des tours de Babel, in: *Psyché. Inventions de l'autre,* Paris 1987, p. 204.

aan de gestorven heerser een meer dan twijfelachtige eer bewijst, hoe kan dan het ingeroepen argument vaste voet krijgen? Hier staat het debâcle nu werkelijk voor de deur en de tekst dreigt het voorgoed te begeven. De verteller trekt zich, nog maar eens, uit de slag en wel door zijn toevlucht te nemen tot de sage. Terecht, want in de sage, d.w.z. in de vertellingen van het volk, vindt het keizerschap zijn ware fundament.

De sage waarover het hier gaat, is de bekende parabel die Kafka onder de titel *Een keizerlijke boodschap* in de bundel *Een plattelandsdokter* ook afzonderlijk gepubliceerd heeft. Als binnenverhaal neemt zij in de novelle een centrale plaats in, doordat zij, weliswaar in een ander medium, de hierboven beschreven retorische figuur 'Vraag het aan de leiders' terug opneemt: vraag het aan de keizer. Dit keer volgt er wel degelijk een antwoord: het is de sage zelf en dit antwoord is dan ook consequent in de jij-vorm gesteld: "De keizer, zo luidt het verhaal, heeft jou, de enkeling, de jammerlijke onderdaan, de kleine schaduw die voor de keizerlijke zon in de verste verte is gevlucht, juist jou heeft de keizer van zijn sterfbed een boodschap gezonden."(951-2) De zinrijke paradox van deze parabel schuilt in het feit dat de boodschap de man uit het volk niet bereikt, niet kan bereiken, niet alleen omdat de afstand te groot is, maar vooral omdat de bode de onoverkomelijke hindernissen niet kan overwinnen die de troon van het volk, het centrum van de periferie scheiden. En mocht hij al uit het paleis geraken,

> "dan ligt eerst de residentie nog voor hem, het middelpunt van de wereld, tot overlopens toe vol met haar droesem. Niemand kan daar doorheen dringen

> en zeker niet met de boodschap van een dode.- Maar jij zit aan het raam en verbeeldt het je als de avond valt."

Doordat de novelle zich hier uitdrukkelijk tot een 'sage' verdicht, openbaart de tekst echter niet alleen de waarheid van de keizer, hij brengt nu ook onverhuld de antinomieën aan het licht waarop hij - als tekst - dreigt stuk te breken. En toch heeft het volk gelijk, wanneer de verteller zegt: "Precies zo, zo hopeloos en hoopvol, ziet ons volk de keizer." Niet op de ongrijpbare inhoud van de boodschap komt het aan; alleen het besef dat zij kan voortverteld worden, biedt een grond voor hoop, staat er borg voor dat de droom niet vergaat. De uitspraak 'jij verbeeldt het je' ("Du erträumst sie Dir") impliceert derhalve een 'ik vertel het je'. Daarbij mag de vraag openblijven of dit 'jij' van de aangesprokene ten langen laatste niet met het 'ik' van de verteller samenvalt en deze met het volk. In de bevestiging van dit episch gebaar vindt de novelle uiteindelijk haar ware voltooiing.

3. *De kunst van het verdwijnen*

De zich als vertel-proces manifesterende en tegelijk opheffende reflexieve beweging wordt in Kafka's laatste vertelling *Josefine de zangeres, of het muizenvolk* met een nagenoeg onovertroffen radicaliteit gedemonstreerd.[4] Verrassend genoeg rust deze tekst tegelijk als geen andere volmaakt in zichzelf. Over de muis Josefine weet de ik-verteller te berichten dat

[4] Voor een deconstructieve lezing van de novelle, zie: Bart Philipsen, *Josefine, een muizenrapsodie. Een lectuur van Kafka's testament-verhaal* Josefine, die Sängerin oder das Volk der Mäuse, Restant XV(1987), p. 245-67.

haar coloraturen grote indruk maken, hoewel die zich bij nader toezien nauwelijks onderscheiden van het alledaagse, alom verspreide gepiep dat van muizen bekend is. Haar bijval dankt de zingende muis vooral aan de voortdurende druk waaronder het muizenvolk leeft. Bovendien verstaat ze de kunst zich plechtig in postuur te zetten om dan iets te doen wat heel gewoon is. Ook hier zijn het dus, zoals we bij het optreden van de goochelaar K. gezien hebben, veeleer de begeleidende omstandigheden die aan haar optreden een uitzonderlijk karakter verlenen. De moeilijkheden beginnen op het ogenblik dat Josefine dit uitzonderlijke wil laten gelden als een persoonlijk voorrecht. Omdat het volk haar die positie niet gunt, wreekt ze zich en is op een dag onvindbaar. In zijn afsluitende commentaar duidt de verteller haar heengaan nochtans niet als puur verlies. Eerst nadat ze verdwenen en met de overige helden van het volk vergeten zal zijn, zal het 'niets' van haar gezang in de herinnering de gestalte krijgen die het verdient:

> "Maar met Josefine moet het bergafwaarts gaan. De tijd nadert dat haar laatste pieptoon klinkt en verstomt. Zij is een kleine episode in de eindeloze geschiedenis van ons volk en het volk zal over het verlies heenkomen. Het zal ons wel niet gemakkelijk vallen; hoe zullen onze samenkomsten in dodelijke stilte mogelijk zijn? Maar ja, heerste er ook geen stilte toen Josefine er nog was? Was haar piepen feitelijk noemenswaard luider en levendiger dan de herinnering eraan? Heeft het volk in zijn wijsheid niet eerder Josefines zingen juist daarom, omdat het op die manier onvervreemdbaar was, zo hoog geschat?"(837-8)

De onderliggende structuur van dit verhaal is gemakkelijk te herkennen: ook hier wordt van bij de aanvang een betekenisvol feit op de voorgrond geplaatst. Daartoe volstaat het de aanhef te citeren: "Onze zangeres heet Josefine. Wie haar niet gehoord heeft kent de macht van het gezang niet."(825) Maar anders dan in de hierboven geanalyseerde teksten wordt de baan van de herinnering er in haar geheel beschreven. Dit wordt mogelijk gemaakt doordat de techniek van de eenvoudige terugblik hier plaats maakt voor een complexer, in het heden gesitueerd navertelperspectief. Op die wijze komt enerzijds de nadruk sterk op het reflexief karakter van het vertelproces te liggen, anderzijds omsluit het nu-perspectief niet alleen het verleden, maar anticipeert tevens op de toekomst en neemt deze virtueel reeds op in de posterioriteit, het 'achteraf' van het vertellen. De in het vertelproces geïmpliceerde uitspraak luidt dus niet gewoonweg: 'Josefine was een grote zangeres', maar: 'Josefine zal een grote zangeres geweest zijn'. De epische evidentie van de aanhef - de macht van het gezang - betreft dan ook geenszins een reeds van te voren vaststaande realiteit; ze komt slechts gaandeweg tot stand als het eigenlijke resultaat van de vertelarbeid. Arbeid van de negatie, want de betekenis van Josefines kunst zal eerst echt begrepen worden als ze er niet meer is en haar verschijnen in de herinnering van het volk zal zijn bijgezet.

De eigenlijke pointe bestaat er echter in dat - alleszins vanuit het standpunt van de vermeende tegenstanders, tot wie de verteller zichzelf rekent - haar gepiep zonder meer onbeduidend klinkt en bijgevolg, ondanks zijn door niemand bestreden uitwerking, de naam gezang niet eens verdient. Het gaat om iets anders, iets wat door de beslommeringen van het dagelijks bestaan geheel overstemd wordt, maar tijdens het zingen van Josefine de aanwezigen in zijn zwijgzame verborgenheid tegemoet treedt: "Is het haar gezang dat ons betovert of de plechtige stilte die dat broze stemmetje omgeeft?"(827) Van op een afstand is het dan ook makkelijk oppositie voeren, maar wie voor haar zit weet: "wat zij hier piept, is geen piepen." Wat is het dan wel? Om het antwoord daarop te vinden moet men de tekst zelf beluisteren.

Kafka is er hier in geslaagd het ideaal van de jonge Flaubert zo dicht te benaderen als maar mogelijk is en een verhaal te vertellen over niets. Het verdict van de onvoltooidheid dat de auteur zelf bij herhaling over zijn eigen werk velde, wordt hier - luttele maanden voor zijn dood - toch nog herroepen. De verklaring voor het paradoxaal slagen van deze in meer dan één opzicht ultieme tekst is tweevoudig. Vooreerst kunnen we hier een harmonisch samengaan vaststellen van feit en reflectie. Josefines gezang bestaat in een zeer strikte zin alleen krachtens het verhaaldiscours zelf: het komt tot leven inzover het in zijn nietigheid kan gereflecteerd worden. In die zin beantwoordt het in hoge mate aan de definitie van het *ens imaginarium* bij Kant, dat als lege aanschouwing weliswaar een 'niets' is,[5] maar tegelijk, "au coeur du rien objectif", de blik vrijmaakt voor het pure zijn dat zich in het verhevene manifesteert, "quand le regard ne s'installe pas, ne se renferme pas dans les déterminations de l'étant."[6] Dat is in elk opzicht de verdienste van de verteller, die zich door zijn hoog

[5] Zie de indeling van het begrip 'niets' aan het einde van de "Transzendentale Analytik": Imm. Kant, *Kritik der reinen Vernunft,* p. 306.

[6] Ik volg hier Eliane Escoubas, Kant ou la simplicité du sublime, in: *Du sublime*, Paris 1988, p. 78 & 94.

ontwikkeld bewustzijn van het overige, op zijn gezond verstand of zijn roekeloze dwaasheid drijvend muizenvolkje onderscheidt. Hij ziet wat de anderen niet zien, maar dit zien blijft negatief bepaald:

> "Hier in de korte pauzes tussen de oorlogen droomt het volk, het is alsof hun ledematen zich ontspannen, alsof de rusteloze zich één keer naar hartelust in het grote warme bed van het volk mag rekken en strekken. En in deze dromen klinkt zo nu en dan het piepen van Josefine; zij noemt het parelend, wij noemen het haperend; maar in ieder geval is het hier op zijn plaats, zoals nergens anders, zoals muziek maar zelden het juiste ogenblik weet te vinden [...] Natuurlijk is het piepen. Waarom ook niet? Piepen is de taal van ons volk, alleen piept menigeen zijn hele leven zonder het te weten, maar hier is het piepen bevrijd van de banden van het dagelijks leven en bevrijdt ook ons voor een poosje."(833)

Het is er de verteller blijkbaar in de eerste plaats om te doen de muzikale prestatie van Josefine te verduidelijken met het oog op de actuele nood van het volk. Maar zijn blik reikt verder, omspant ook verleden en toekomst. En hier staat nog een ander aspect aan de orde. Wanneer de verteller aan het eind van de novelle zegt dat Josefines kunst precies omwille van haar schamelheid voor de herinnering waardevol is, dan beschrijft hij daarmee een tweede vertelbaan, een spiraal, waarbinnen het zojuist afgesloten verhaal in de toekomst kan worden overgedaan. Daar zal het de autoriteit van de sage verwerven. Eerst in het vertellen en doorgeven van het verhaal zal de aanhef: 'wie Josefine niet gehoord heeft, kent de macht van het gezang niet', zijn epische verhoging vinden. Men zal dan met recht van overlevering kunnen spreken. Nu vermeldt de verteller zulke tradities al aan het begin van zijn relaas: "In weerwil van onze onmuzikaliteit hebben wij zangtradities; in vroeger tijden zong ons volk; sagen vertellen daarvan [...]"(825) Deze passage is een perfecte echo van de vooraan reeds geciteerde epiloog van de novelle. De subtiele, op een onopvallende plaats aangebrachte mise-en-abyme laat als in een spiegel zien hoe sagen tot stand komen en wat daarin wordt meegevoerd. Het slot van de novelle moet derhalve als aanhef gelezen worden: de sagen die over het verleden vertellen, zijn tegelijk ook de toekomstige sagen, waarin telkens opnieuw een Josefine zal verschijnen.

Wel moet op dit schema een belangrijke correctie aangebracht worden: naar de mening van de verteller beantwoordt Josefines kunst eigenlijk niet aan de in de sagen overgeleverde voorstelling van wat zingen eigenlijk is. In het niet opvullen van deze leemte lijkt mij nu precies de zin van dit verhaal te liggen, want het heden kan de ware natuur van het gezang niet ontsluieren. Eerst door de vertelarbeid, die het als herinnerd verleden omvormt en naar de toekomst doorgeeft, het uit de toekomst dan weer in de actualiteit van het vertellen terughaalt, komt het gezang tot leven. De tekst zelf heeft het statuut van een interval, zijn modus is die van de afwezigheid, zijn "waarheidsgrond"[7] het niet-vertelbare. Thematiseren kan men deze grond niet; hij is alleen in het vertelproces zelf toegankelijk, d.w.z. als ervaring, - voor het muizenvolk in de plechtige stilte van het piepconcert, voor de verteller in de arbeid van de reflectie, voor de lezer

[7] Vgl. Kafka's besluit van zijn Prometheusverhaal: "Bleef het onverklaarbare rotsgebergte. - De sage probeert het onverklaarbare te verklaren. Daar zij uit een grond van waarheid is ontstaan, moet zij weer in het onverklaarbare eindigen."(966)

in de stilzwijgende overeenstemming tussen muis en mens.

Men heeft in dit verhaal over muizenissen geredelijk een epiloog gezien op Kafka's eigen levensverhaal. "Ik geloof dat ik precies op tijd met het onderzoek van het dierlijke gepiep begonnen ben", zou hij bij het beëindigen van de novelle en zinspelend op de keeltuberculose die hem weldra zou vellen, aan een vriend hebben toevertrouwd.[8] Maar laten we het liever nog even hebben over wat we de testamentaire poetica van deze epiloog zouden kunnen noemen. Die is, lijkt het, te vinden in een brief aan Milena die enkele jaren voordien geschreven werd. De passage heeft wel betrekking op een andere tekst en een andere auteur (de novelle *Der arme Spielmann* van de door Kafka bewonderde en gewaardeerde Franz Grillparzer), maar vertoont intussen al de kenmerken van een verdoken zelfkritiek:

> "Wat je over de 'arme Spielmann' zegt is helemaal juist. Als ik zei dat hij niets voor mij betekent, dan was dat alleen voorzichtigheid, omdat ik niet wist hoe jij er tegenover zou staan en dan ook omdat ik mij schaam voor het verhaal, alsof ik het zelf geschreven had; en feitelijk begint het verkeerd en staan er een aantal onjuistheden in, belachelijkheden, dillettantisme, afschuwelijke aanstellerigheden [...] en vooral deze manier van muziek maken is toch een jammerlijk, belachelijk verzinsel, geschikt om het meisje op te winden, zodat zij in de grootste verontwaardiging, waar de hele wereld aan zal meedoen, ik in de eerste plaats, de hele boel het verhaal achterna gooit, totdat het verhaal, dat niets beters verdient, aan zijn eigen elementen ten onder gaat."

Dan culmineert de tirade in een merkwaardig aforisme, dat als geen ander de zin van zijn, misschien

[8] *Brieven 1920-1924,* p. 269.

zelfs van elk schrijven, samenvat: “Weliswaar bestaat er geen mooier lot voor een verhaal dan op deze manier te verdwijnen.”[9] In zijn allerlaatste verhaal, dat bij nader toezien tevens een geheim zelfportret is, heeft Kafka dit verdwijnen in poëtische winst omgezet.

[9] *Brieven aan Milena,* p. 75-76.

BIBLIOGRAFISCHE NOOT

Bij aanhalingen uit het werk van Kafka werd doorgaans gebruik gemaakt van de Nederlandse vertalingen, uitgegeven bij Querido te Amsterdam; waar het nodig bleek, is de auteur van deze studie daarvan afgeweken. Citaten uit het verhalend proza verwijzen, met aanduiding van de bladzijde in de tekst, naar: Franz Kafka, *Verzameld werk*, 8e geheel herziene en uitgebreide druk, Amsterdam 1987.

De genoemde vertalingen zijn alle gebaseerd op de grotendeels door Max Brod bezorgde en bij S. Fischer Verlag verschenen uitgaven van de *Gesammelte Werke*. Intussen is een begin gemaakt met de kritische uitgave van Kafka's werk: Franz Kafka, *Schriften, Tagebücher, Briefe. Kritische Ausgabe*. Tot nu toe verschenen volgende delen: Das Schloß (1982); Der Verschollene (1983); Der Proceß (1990); Tagebücher (1990). Verwijzingen in de tekst naar deze uitgave worden uitdrukkelijk aangegeven.

ZUSAMMENFASSUNG

Der Titel dieses Essays wurde angeregt durch den Eingangssatz einer fragmentarischen Skizze, die sich im 5. Oktavheft findet: "K. war ein großer Taschenspieler." Die modellhafte Erzählstruktur sowie der änigmatische Verweis auf den Buchstaben K. schienen diesem kurzen Fragment einen beispielhaften Wert zu verleihen. Die Figur des Taschenspielers, dieses Meisters der Illusion, erwies sich bei näherem Zusehen als brauchbare Metapher für den Erzähler Kafka; zumindest ergab sich die Möglichkeit, von diesem - gewiß nicht archimedischen - Punkt aus Aspekte aufzudecken, die bislang im Schatten lagen. Sie betreffen nicht an erster Stelle den thematischen Gehalt der Texte; vielmehr geht es um die Bedingungsmöglichkeiten des Erzählens selber, das bei Kafka, so die hier vorgetragene These, ständig dem Widerstand des nicht Erzählbaren ausgesetzt ist, in der Arbeit des Erzählens gewissermaßen dem Bereich des 'Unnennbaren' (Kant) abgerungen werden muß. Hinter der Maske einer mimetischen Erzählweise tun sich somit fundamentalere Kategorien auf; es sind dies die Dimensionen des Scheins und der Theatralität. An die Stelle der tradierten Begriffe einer aristotelischen Poetik treten allenthalben deren Travestien: statt Mimesis, bloße Nachahmung; statt Psychologie, das täuschende Gerede sich gegenseitig aufhebender Instanzen; statt Kausalität, Komödie und szenisches Arrangement. Indes wird hier nicht einer unverbindlichen Lektüre das Wort geredet, so als ob der Zustand der Welt Kafka nichts anginge. Gibt es in seinem Werk diesen Bezug, dann muß er in den Texten lagern, nicht in irgendeiner beliebig denotierten Realität: "Nur die Treue zum Buchstaben, nicht das orientierte Verständnis wird einmal helfen." (Adorno) - Außer einzelnen Tagebuch- und Briefstellen werden folgende Texte eingehend analysiert: *Ein Bericht für eine Akademie*; *Der Verschollene* (das Schlußkapitel); *Der Proceß*; *In der Strafkolonie*; *Das Schloß*; *Beim Bau der Chinesischen Mauer*; *Josefine, die Sängerin oder das Volk der Mäuse*.

REGISTER VAN TEKSTEN

Amerika 44, 52, 63-67, 124
Beschrijving van een gevecht 13
Bij de bouw van de Chinese muur 27, 172-181
Brief aan zijn vader 18-21, 54
Brieven 1902-1919 45, 97-98
Brieven 1920-1924 156, 187
Brieven aan Milena 29, 167, 187-88
Dagboeken 1910-1913 7, 29, 32, 44, 51, 53-54, 56-61, 68
Dagboeken 1914-1923 14, 29, 47-48, 76, 97-100, 120-21, 124, 155
De gedaanteverwisseling 14, 16-17, 19, 28, 45, 52, 54, 169
De nieuwe advocaat 159
De dorpsschoolmeester 170-71
Een keizerlijke boodschap 169, 180-81
Een droom 93-95
Een hongerkunstenaar 33
Een plattelandsdokter 168
Een verslag voor een academie 33-39
Eerste smart 33
Het dichtstbijzijnde dorp 12
Het proces 11, 14, 16, 19, 28, 30, 32, 44, 51, 64, 68-96, 99-103, 111, 117, 124, 153, 169-70
Het slot 28, 30, 44, 124-166, 169
Het vonnis 14, 28, 32, 52, 169
Huwelijksvoorbereidingen op het land en ander proza uit de nalatenschap 7, 12, 23-27, 28, 123
In de strafkolonie 17, 97-123
Josefine de zangeres, of het muizenvolk 27, 181-87
Op de galerij 33
Poseidon 159
Prometheus 186
Voor de wet 11, 93-94, 169

ORIENTALISTE, P.B. 41, B-3000 LEUVEN